Philosophers' Dogs

哲学家的狗

[英]塞缪尔·多德森
(Samuel Dodson)
[英]罗西·本森
(Rosie Benson)
著

白永明 译

中国友谊出版公司

图书在版编目（CIP）数据

哲学家的狗 /（英）塞缪尔·多德森著；（英）罗西·本森著；白永明译. -- 北京：中国友谊出版公司，2022.7

ISBN 978-7-5057-5437-9

Ⅰ.①哲… Ⅱ.①塞… ②罗… ③白… Ⅲ.①哲学—通俗读物 Ⅳ.① B-49

中国版本图书馆 CIP 数据核字 (2022) 第 057038 号

著作权合同登记号　图字：01-2022-2741

Philosophers' Dogs Copyright © 2021 by Samuel Dodson and Rosie Benson
Authorised Translation from the English language edition published by United Authors Publishing Ltd
Simplified Chinese edition copyright: 2022 Beijing Standway Books Co.,Ltd
All rights reserved.

书名	哲学家的狗
作者	[英] 塞缪尔·多德森
	[英] 罗西·本森
译者	白永明
出版	中国友谊出版公司
发行	中国友谊出版公司
经销	新华书店
印刷	天津画中画印刷有限公司
规格	880×1230 毫米　32 开
	6.5 印张　107 千字
版次	2022 年 7 月第 1 版
印次	2022 年 7 月第 1 次印刷
书号	ISBN 978-7-5057-5437-9
定价	49.80 元
地址	北京市朝阳区西坝河南里 17 号楼
邮编	100028
电话	(010) 64678009

献给所有的狗。你们实在是太棒了！哦，没错，真的很棒！

目 录
CONTENTS

引　言 … 001

第一章　苏格拉底 … 001
　　　　——犬名：苏格拉菲　品种：希腊猎兔犬　狗龄：297 岁

第二章　柏拉图 … 009
　　　　——犬名：斐德罗　品种：摩洛瑟犬　狗龄：337 岁

第三章　亚里士多德 … 017
　　　　——犬名：亚里士多格　品种：边境牧羊犬　狗龄：261 岁

第四章　孔子 … 025
　　　　——犬名：孔毛球　品种：西藏獒　狗龄：301 岁

第五章　孙子 … 033
　　　　——犬名：孙西施　品种：西施犬　狗龄：197 岁

第六章　马可·奥勒留 … 041
　　　　——犬名：巴库斯·奥勒留　品种：意大利史毕诺犬　狗龄：245 岁

第七章　勒内·笛卡尔 … 051
　　　　——犬名：蕾尼·笛巴克　品种：蝴蝶犬　狗龄：229 岁

第八章　约翰·洛克 … 061

——犬名：约翰·利克　品种：英国史宾格犬　狗龄：301 岁

第九章　伏尔泰 … 069

——犬名：弗朗索瓦-马利·阿鸣埃　品种：腊肠犬　狗龄：345 岁

第十章　亚当·斯密 … 077

——犬名：亚当·斯尼夫　品种：棉花面纱犬　狗龄：281 岁

第十一章　伊曼纽尔·康德 … 085

——犬名：伊曼纽嚎·康德　品种：灵缇犬　狗龄：333 岁

第十二章　玛丽·沃斯通克拉夫特 … 093

——犬名：沃夫斯通克拉夫特　品种：约克夏㹴犬　狗龄：266 岁

第十三章　索伦·克尔凯郭尔（祁克果）… 101

——犬名：索伦·克尔凯果　品种：哈士奇　狗龄：181 岁

第十四章　弗里德里希·尼采 … 109

——犬名：弗里利克　品种：波利犬　狗龄：237 岁

第十五章　罗莎·卢森堡 … 117

——犬名：罗莎·里森巴克　品种：德国牧羊犬　狗龄：201 岁

第十六章　艾恩·兰德 … 125

——犬名：猎犬艾恩　品种：西部高地㹴　狗龄：321 岁

第十七章　让-保罗·萨特 … 133

——犬名：让-刨斯·萨特　品种：爱尔兰猎狼犬　狗龄：309 岁

第十八章　西蒙娜·德·波伏娃 … 141
　　　　——犬名：西蒙娜·德·波皮　品种：贵宾犬　狗龄：332 岁

第十九章　戴维·福斯特·华莱士 … 149
　　　　——犬名：戴维·皮斯特·华莱士　品种：拉布拉多犬　狗龄：197 岁

第二十章　诺姆·乔姆斯基 … 159
　　　　——犬名：骨头·嚼姆斯基　品种：斯塔福德猩　狗龄：377 岁

第二十一章　其他几位好哲学家和他们的好狗 … 169

第二十二章　不要停止探索：继续寻找答案 … 177

致谢 … 185

关于作者 … 187

引　言

网球真的存在吗？我们有可能成为一只好狗吗？我们可以自由行动，按自己的意愿接飞盘或棍子吗？还是我们的行为、我们的决定——吃烂苹果，对着猫狂叫都是命中注定的？吠叫真的比啃咬东西更令人讨厌吗？我们追逐邮递员的冲动从何而来？比起纯粹地相信，我们如何知道自己的行为是否得体？

千百年来，某些用四条腿行走、聪明的生灵一直在思考上述问题。它们得出的答案，给人类所谓的"哲学"领域带来了无数突破。不过，在深入探讨之前，我们需要先思考一下"哲学"这个词语的含义。

人类被告知"哲学"（philosophy）的字面意思是"爱智慧"[1]，但这只是犬科对智人的误解。对于犬类来说，"哲学"这个词最经典古老的含义源于基本词源结构"phur"——没错，就是"皮毛"[2]。要想真正理解哲学，就必须记住它的核心含义，

---

1. 爱智慧："哲学"的英文 philosophy 源于希腊文，是由希腊文 philia 和 sophia 所合成的，意思是"爱智慧"（译者注，下同）。
2. phur：读音与英文"fur"（皮毛）相同。

001

也就是"用皮毛思考"这一根本指令。

不长皮毛的人类可能已经感受到了自己的劣势,但无须担心。如我们著名的犬类哲学家之一,即本书主要顾问弗兰德(Friend)[1]教授所指,人类没有皮毛,但这并不意味着他们不能用皮毛思考。你需要做的就是抛开人类的琐事和烦恼——抵押贷款、餐具刀叉和可怕又没用的真空吸尘器,而专注于生活中的重大问题,比如:我们之中谁才是真正的"好"狗?

对于弗兰德教授以及在他之前的所有皮毛思想家(犬类哲学家)来说,哲学思考始于瞬间的好奇。我们往往可以通过闲逛(也被称为"散步")来满足自己的好奇心,了解周围的世界。

对许多人来说,探索世界的渴望是进入哲学殿堂的第一步。我们的探测器("鼻子")和敏锐的嗅觉可以帮助我们进行调查研究,也可以通过提问进行调查。

苏格拉底(Socrates)的狗苏格拉菲(Socra-fleas)和亚里士多德(Aristotle)的狗亚里士多格(Arisdoggle)等古代哲学界的主要"人物"都强调了质疑世界的重要性。例如,我们为

---

1. 弗兰德(Friend):英文"friend"意指人类的朋友——狗。

什么仅仅因为某个人的命令，就把爪子伸给那个人呢？当我们跨过彩虹桥，去天边的另一个世界生活，会发生什么？在一个似乎只有服从命令才能获得优待的世界里，自由意志的审判是否有可能？

圣伯纳（Bernard the Saint）和孙西施（Sun Shih-Tzu，孙子的狗，见第五章）等一部分具有哲学思想的小狗更是认为应该对所有狗的想法和疑惑进行分类归纳，并鼓励它们多多提出关于世界的各类问题。通过支持和调动其他狗，他们看到了最终将犬类从人类的压迫下解放出来的潜在力量。

可悲的是，我们还是很难挣脱人类的狗绳。

更重要的是，正如弗洛伊德（Freud）的狗西格穆特（Sigmutt）曾经告诉我们的那样，人类的自我（ego）是一种脆弱的东西。没有一个人类能忍受以下想法：生活的真谛可能会被一只矮小多毛，甚至喜欢吃自己粪便的动物发现。

因此，为了维护社会秩序并造福人类，狗主人们从一开始就借鉴并窃取了自己的狗的第一手哲学思想。这些人通过简单的篡改，企图把狗的想法占为己有。

让我们明确一点：所有人类哲学家的观点都是从他们的狗那里偷来的。

这是事实[1]。从亚里士多德和孔子、马可·奥勒留（Marcus Aurelius）和约翰·洛克（John Locke）到玛丽·沃斯通克拉夫特（Mary Wollstonecraft），自古以来，每一位人类哲学家都从他们的四足朋友那里获得了最好的想法和见解。不仅如此，他们还无耻地歪曲了狗的原意，使之听起来更像人类的想法，因此也变得"更加愚蠢"。

事实上，从这些拙劣的模仿中受益的人并不只有哲学生、养狗者或爱狗人士，还有如今生活在地球上的每一个人。

幸运的是，在弗兰德教授的带领下，许多犬科学者近年来一直致力于深入探索更多的骨头，力求拼凑出"爱智慧"的真实历史。它们的努力没有白费，犬类历史上的一些伟大作品终于大白于天下。亲爱的读者们，我们在此很荣幸地向各位展示一部真实的犬类哲学史，也将详细介绍一些相当优秀的狗，这些狗在哲学史上扮演过极其重要的角色。

给人类读者的重要提示

对于哲学家的狗，我们亏欠得太多了，下文逐一介绍。在

---

1. 不一定是事实。

这个长期不受待见的领域里,完成学业对你来说很重要。但是,如果听到狗的哀叫声,请你无论如何都要照看一下,为它们提供骨头、食物、吱吱作响的玩具或腹部按摩等任何狗可能需要的东西。毕竟,这些是你至少可以做得到的。

第一章
苏格拉底

犬名：苏格拉菲
品种：希腊猎兔犬
狗龄：297 岁

苏格拉底

我唯一知道的是,我不知道谁在地毯上拉了屎。

哲学家:苏格拉底(Socrates)
生于:公元前 470 年
卒于:公元前 399 年
狗的名字:苏格拉菲(Socra-fleas)
品种:希腊猎兔犬(Greek Harehound)
狗龄:297 岁

狗生信条:
- 知道食物藏在哪里是一种美德。
- 没有一只狗故意或自愿成为坏狗。

爱好与消遣:
- 追逐铁饼。

- 撕咬桂冠。
- 把头从战车的侧面探出。

特殊兴趣：喜欢玩扔球游戏，但是因为从不捡球而饱受批评。

对哲学的影响

自古以来，所谓的人类哲学家们一直从狗身上借鉴好点子。在窃取犬类想法方面，最出名的人物也许就是苏格拉底。大约在公元前 470 年，苏格拉底生于雅典，人类（误）认为他是哲学的祖师或奠基人。

实际上，苏格拉底的猎兔犬苏格拉菲才是哲学的真正源头。这只小狗在年轻时参加过伯罗－奔－尼撒战争（The Pelo-paw-nnesian Wars）[1]，曾与崇拜猫的斯巴达人英勇作战。但是，对于战争生涯，它开始反思："我们为什么要打仗？什么时候才能去散步呢？"

---

1. 伯罗－奔－尼撒战争（The Pelo-paw-nnesian Wars）：指代古希腊历史上的伯罗奔尼撒战争（The Peloponnesian War）。

于是，苏格拉菲整天吠叫，提出各种问题。然而，与它之前的思想家（无论是犬类还是人类）不同，它感兴趣的并不仅仅是关于物质世界的问题，比如，"那个东西是食物吗？我能吃吗？"相反，它想知道狗如何才能过上有"道德"的好生活。

对苏格拉菲来说，要想过上好生活，并被称赞为一只好狗，就必须知道美德是什么。对此，它的回答是"美德即知识"。它认为狗做坏事并不是因为本性坏，而是因为不明事理——可能是懒散的"主人"没有好好教导或训练它们。它还认为，如果一只狗真正明白怎么做是正确的或好的，那么在任何场合，它都会做出正确选择。举个例子，如果一只狗从未被告知不应该偷吃人类餐盘里的西冷牛排，那么当它这么做时，你不能断定它是一只坏狗，因为它不知道什么是正确的行为。

但是，你怎么知道任意场合的正确行为方式是什么？你可能认为在上述情景中，狗偷吃西冷牛排的行为是错误的。可是，你为什么会有这种想法？如果要吃牛排的人体型肥胖，或者食品柜里还有很多牛排，这个人很可能会变得更胖，那你还会这样想吗？如果医生（人类的一种"兽医"）嘱咐过这个人，想要保持健康，就应该避免吃红肉呢？就此而言，如果偷吃牛排能间接帮助人类活得更健康，那就根本不算坏行为，反而可以说是一种有道德的行为。

我们也许并不清楚在所有情况下正确和错误的做法。然而，只有提出问题，才能找到答案，这就是苏格拉菲想要告诉我们的道理。

苏格拉菲认为，美好生活就是要在追求真理中度过。它说："未经审视的生活是不值得过的。永远不要忘记检查你经过的每一棵树——只有这样，你才能发现躲在树枝间的松鼠。"

不幸的是，苏格拉菲爱吠叫（通常很大声）的习惯惹怒了雅典的一些权贵。你知道这些人恼火不只是因为狗发出的噪音，而是因为人类不喜欢被认为自己不如狗聪明。于是，为了除掉这只多管闲事的猎犬，他们决定对苏格拉菲提起莫须有的指控，并开启了把它的想法"栽赃"给它主人苏格拉底的漫长过程。

苏格拉底的狗于公元前399年受审，据说是因为在地毯上拉屎，这是最早记录在案的人与犬之间的版权侵权案件之一。当时雅典最凶残的三个捕狗人——莱康（Lycons）、阿尼图斯（Antyus）和美勒托（Meletus）指控苏格拉菲不仅在他们的地毯上拉屎，还在他们的草坪上拉屎。在审判期间，苏格拉菲悟出了一个重要的哲学原理：所有的哲学思想都始于承认"无知"。

"我唯一知道的是，我不知道谁在地毯上拉了屎。"苏格拉菲理直气壮地反驳，又争辩说这些捕狗人应该对它心存感恩，免费喂养它一生才对。

可想而知,捕狗人和他们背后可怕的"猫老爷"们对苏格拉菲或它的主人并不友好。于是,他俩都被送上了西天。

审判苏格拉菲的原始案件卷宗最初由柏拉图(Plato)的摩洛瑟犬(Molosser)——名斐德罗(Fido-rus,见下一章"柏拉图")记录,但是后来被柏拉图偷走并擅自仿造。柏拉图将它创立的"无知"哲学原理归功于其挚友苏格拉底,因为他曾经欠苏格拉底几品脱[1]酒(还有一只公鸡,但那是另一回事),当然这是典型的人类行为。正是在这个被伪造的错误资料中,人类第一次见识了这样的观点:一个人或一只狗唯一能知道的就是自己的无知。

虽然人类真有可能对这个世界知之甚少,但是犬类确实只是在佯装无知,为了达到某种深刻的目的,狗会装作没有人类聪明。这就是所谓的苏格拉底式反讽。如果不实际地考虑这一反讽,就无法充分理解人与犬的关系。

例如,当一个人在狗篮里发现一堆刺鼻的呕吐物时,他的本能反应往往是指责那只忠实的狗。然而,一只践行苏格拉底式反讽的狗会疑惑地把头歪向一边,试图诱导人类承认责任不

---

1. 品脱(pint):计算容量的单位。

在狗身上，它的行为是情有可原的。狗会鼓励人去思考。如果及时地把它从狗篮放到花园去的话，它还会呕吐吗？再说，在很多情况下，那一大盒"晚八点"薄荷巧克力就放在低矮的咖啡桌上，触手可及，这难道不是人类的错吗？狗和人进行无声交流的结果是，人必须对整件事情负责并清理干净，因为归根结底问题是人造成的。

许多人都想提升自己的反讽能力，但在多数情况下成效甚微，因为人们往往对这种含蓄但有启发作用的技巧茫然无知。

相关主题：反讽、古希腊、铲屎官

第二章

柏拉图

犬名：斐德罗
品种：摩洛瑟犬
狗龄：337 岁

柏拉图

哲学始于惊奇——比如,在蝴蝶身上发现惊奇。

哲学家:柏拉图(Plato)

生于:公元前 428 年

卒于:公元前 348 年

狗的名字:斐德罗(Fido-rus)

品种:摩洛瑟犬(Molosser)

狗龄:337 岁

狗生信条:

• 在所有神中,狗是人类最好的朋友,能够帮助治疗阻碍人类幸福的一切精神"疾患"。

• 我们应该仔细思考,而不是被本能所左右。

爱好与消遣：

- 观察拥有"至善形式"的美好事物，如网球。
- 自律、理性、独立思考。
- 审视生活的方方面面，尤其是香喷喷的牛粪。

特殊兴趣：追逐蝴蝶。

对哲学的影响

如果我们为社会构想一个完美的政府形式，那会是什么样的呢？对于一位伟大的犬类哲学家来说，答案显而易见：应该让更多的狗参与进来。

柏拉图的狗斐德罗是苏格拉底的狗苏格拉菲的得意门生之一。斐德罗是一位了不起的哲学家（也是一只非常好的狗）。它致力于研究我们应该如何管理自己，还试着描绘了一个完美的社会。它认为，理想的国家应该由思想精英（哲学家的狗）建立，强壮的警卫犬保护这些精英，抵御猫或松鼠可能发动的袭击。思想家和警卫犬下面的阶层是工作犬，它们的职责是确保羊群待在该待的地方，并把所有的骨头都埋在挖好的洞里。最后，在工作犬之下可能是人类，他们履行一些重要职责，比如给狗提供抚摸、揉肚子等服务。

对斐德罗来说,这种等级制度要建立在狗的智慧之上——它认为这一点非常重要。它曾说:"聪明的狗吠叫,是因为它们有话要说;愚蠢的狗则是因为它们必须对着某种东西汪汪叫。"

在斐德罗的理想社会中,最聪明的"思想家"狗将被允许沉浸在哲学中,思考一些重要问题的答案,比如"网球和铁饼,哪一个更好玩?"然后,它们可以做出理性的决定(在某一天,我们是玩网球还是玩铁饼),从而有效治理世界。

柏拉图的狗认为,在一个成功的国家里,应该由犬类"哲学王"当国家元首,因为它发现狗的心态天生积极、阳光。不管是公狗还是母狗,都是优秀的毛孩子,不像愚蠢的人类一样对金钱之类的事物着迷。所以,狗"官"会是清廉的。

斐德罗在自己一本最重要的作品《理想国》(*The Republick*[1],书名中 lick 强调了"舔舐"的重要性)中描述了这种国家。在它的理想社会中,狗可以自由地舔舐任何一张脸,不管对方刚吃了一堆牛粪,还是一些可能丢弃已久的腐肉。

遗憾的是,从来没有一只狗能够有幸在这样的政体下生活。

---

1. 《理想国》(*The Republick*):指代柏拉图所著的《理想国》(*The Republic*)。

013

相反，柏拉图这一大名鼎鼎的犬类思想"盗贼"竟然篡改了他的狗的观点，从而为人类——这一凌驾于任何政体之上的群体进行辩护，而非为犬类讨公道，看看他的主张在过去的2500年里多么成功。

尽管如此，柏拉图的狗继续思考了一些重要问题。实际上，它很快就成为一名伟大的人际关系理论家。斐德罗的吠声集《会饮篇》（*The Symposium*）试图解释什么是真正的爱，以及为什么狗会爱它们的"主人"——即使人类窃取了自己最好的创意，却不分享美味的茄合子（moussaka）[1]。《会饮篇》讲述的内容是：一只名叫瓦伽松（Wag-athon）[2]的狗帅哥举办了一场晚宴，邀请一群狗友来聚会。它们吃狗粮，喝泥坑里的水，还大谈特谈什么是爱。

宾客们对爱的看法各不相同。斐德罗提出的一个很有趣的观点如下：当你爱上一个人的时候，其真正的原因是你在对方身上看到了自己所缺乏的品质——通常，人类长有对生拇指，身高足以够到藏着饼干包的橱柜，而你却难以够到。这个道理

---

1. 茄合子：一种希腊菜肴，又译木莎卡、穆萨卡等。
2. 瓦伽松（Wag-athon）：指代希腊悲剧诗人阿伽松（Agathon），柏拉图所著的《会饮篇》中的主要人物。

反过来讲也是正确的：人类喜欢狗是因为他们从狗身上看到了自己所不具备的品质。狗可以从最微不足道的小事中找到乐趣，比如，蝴蝶或形状怪异的棍子都能让它们兴奋起来。人类则需要不断的刺激，而且容易感到厌倦。更重要的是，即使是在人类表达愤怒或怨恨的情绪时，狗也会表现出爱。

这样一来，狗可以帮助人类充分发挥他们的潜力，作为回报，人类可以帮助狗吃到更多的饼干。斐德罗叫道："在所有神中，狗是人类最好的朋友，能够帮助治疗阻碍人类幸福的一切精神'疾患'。"

这些是斐德罗的典型观点，它完全奉行导师苏格拉菲的准则，同样质疑我们周围的世界。斐德罗喜欢用鼻子彻底查探周围世界的方方面面——从爱情、社会到自然万物（特别是牛粪堆）。斐德罗有一句名言："哲学始于惊奇——比如，在蝴蝶身上发现惊奇。"

虽说柏拉图抄袭了自己的狗的许多想法，但他至少认识到了狗朋友们的吠声具有重大的开创性。他甚至将自己的一本书以他忠实猎犬的名字命名为《斐德罗篇》（*Fido-rus*）[1]，但由

1.《斐德罗篇》（*Fido-rus*）：指代柏拉图所著的《斐德罗篇》（*Phaedrus*）。

于人类几十个世纪以来一直拼写错误,这本书的书名被误传为 *Phaedrus*。现在,你终于知道真相了。

相关主题:政府、爱、蝴蝶

第三章
亚里士多德

犬名：亚里士多格
品种：边境牧羊犬
狗龄：261 岁

亚里士多德

人类的幸福取决于狗。

哲学家：亚里士多德（Aristotle）

生于：公元前 384 年

卒于：公元前 322 年

狗的名字：亚里士多格（Arisdoggle）

品种：边境牧羊犬（Border Collie）

狗龄：261 岁

狗生信条：

• 最好在散步时进行哲学思考。

• 高尚的生活就是达到完美平衡的生活——所谓的"黄金（猎犬）中庸"。

爱好与消遣：

• 用所有的感官去调查和了解世界上的一切，尤其是香肠。

• 在圆形剧场看戏剧表演（并对任何上台的狗吠叫）。

特殊兴趣： 经常充满热情地舔脸，让人类感到幸福。

对哲学的影响

就所谓的哲学"祖师"们而言，很少有狗像亚里士多德的狗那样遭到无礼的忽视。它是柏拉图的狗斐德罗的学生，因此也间接成为苏格拉底的狗苏格拉菲的学生，就影响力而言，很少有哲学狗能比得过亚里士多格。苏格拉底的狗是一个伟大的吠叫者，柏拉图的狗是一个杰出的摇尾巴者，然而，亚里士多格对什么都感兴趣。比如，每次散步时，它都会停下来嗅遇到的每一株植物、每一块石头和每一根柱子，有时甚至走出去几步后，又折回来多次嗅同一件东西。

像所有了不起的学生（在此可以说是狗）一样，亚里士多格在全盘接受主人的教诲和哲学思想的同时，另辟蹊径，以自己独特的方式进行了哲学研究。柏拉图的狗满足于趴在柔软的床上或亲切、舒适的大腿上进行哲学思考，但亚里士多格想要通过自己的感官体验所经历的现实。所以，要了解香肠是什么，需要看看真正的香肠，嗅一嗅，尝一尝，并尽可能多地重复这个过程。它认为仅仅抽象地思考香肠的"形式"是没有意义的。对于亚里士多格来说，重要的是感知周围的世界以及其中存在的关系、友谊和（当然还有）香肠。

"狗开始做哲学研究了。"它汪汪叫道，"就目前的情况而言，这种探索源于惊异。狗从小就对眼前形形色色的事物充满好奇。比如，小狗会对着形迹可疑的水桶问'这到底是什么？为什么会有这样的东西？它怎么会在这里？'哲学从提问开始，然后利用你所能调动的一切感官来探究可能的答案。"

也许正是这种探索世界的强烈愿望，促使亚里士多格发展出了所谓的逍遥学派（Peripatetic School），这个名字来自古希腊语"περιπατητικός（Peripatētikós）"，意思是"步行的"或"喜欢散步的"。

"用你自己的爪子去探索这个世界。"亚里士多格教导我们，"自然界的一切事物都有其奇妙之处，比如棍子。这足以让所有狗感到兴奋。"

亚里士多格有一群忠实的追随者和学生，其中包括大丹犬（Great Dane）亚历山大（Alexander），这也许算不上什么稀罕事。

真正有趣的是，这只不同寻常的哲学狗不仅竭力影响它的犬类同胞，还谋求改善周围人类的生活和福祉。

事实上，亚里士多格早就意识到了这一点：人类的幸福往往因为缺乏可以轻抚的柔软皮毛而大打折扣，但同时，慵懒而热情的舔舐能让他们心情愉快。

有一天，它和"主人"一起出去进行哲学散步。就在那次散步过程中兴致勃勃地舔脸环节，亚里多士格厉声发表了一句特别重要的讲话："人类的幸福取决于狗。"

你可以看到所有的狗至今还遵循亚里士多格的教诲。虽然人类可能满足于坐在沙发上，盯着屏幕看没完没了的电视剧，但狗还是在尝试让人类了解散步的重要性，而且这一努力几千年来始终未变。无论是用嘴叼起狗绳的方式提醒人类，还是抓挠前门上新刷的油漆，都标志着这是一只有德行的狗。它们遵循亚里士多格的道德观，只不过是为了增加"主人"的幸福感。

但是，我们所说的幸福或道德究竟是什么呢？

舔脸显然是其中的一部分。不过，亚里士多格用"eudaemonia"来表示幸福，这个词的本义是"好好生活、用心做事"。这种幸福超越了转瞬即逝的快乐，比如舔脸或在刺鼻的粪便中打滚，也超越了对食物的渴望或对提供食物之人陪伴的渴望、被众人或狗群赞扬和尊重的渴望，以及对健康或网球的渴望。对亚里士多格来说，仅仅拥有这些快乐并不足以实现幸福；相反，幸福必须通过自己赢得。于是，它叫道："一只狗的尊严并非在于享用美食，而在于本身真正值得的美食。"

亚里士多格还强调，虽然食物或腹部按摩可以给狗带来一时的快乐，但这些远不足以成为永久的幸福。正是基于这个原因，亚里士多格曾言："一样的美食算不上一场晚宴。"

为了成为真正的好狗，获得真实的幸福，狗不仅要考虑满盆的食物或香喷喷的牛粪，还必须考虑整个社会或群体。一只狗怎样才能以积极又周到的方式为社会做出贡献？对于亚里士多格来说，这个问题关乎道德，要用理性的头脑来控制和指导它们的行为。它的这个观点告诫狗不要凭本能冲动行事，它说："能抓住飞盘而不吃掉它，是受过教育的狗的标志。"

举一个犬类生活中常见的例子来说明美德。想想看，当两个可疑的幼童军（Cub Scouts）走进房子，兜售高价饼干时，就需要勇气。任何一只良犬都明白，为了拯救家庭（或狗群）免受坏人的攻击，它必须勇敢地把自己的生命置于危险之中。莽撞的狗根本不在乎自己的安危，它可能会在毫无必要的情况下冲进危险的境地，比如猫洞。它可能会卡在猫洞里，那就不得不叫消防队了。亚里士多格认为，这显然不是真正的勇气；相反，是不计后果的冒险行为。当然，另一个极端是胆小的狗，它会夹着尾巴躲在厨房桌子下面，直到幼童军离开。也许他们会留下一点食物让这家人来收拾，前提是这家人没有被幼童军残忍杀害。在相同的场合，真正勇敢的狗也会感到恐惧，它可能想躲进某个箱子里，但关键是它还是能克服这种恐惧，并采取行动，也许站在前门后面，不停地吠叫，直到把幼童军赶走，让他们再也不敢回来。在这个例子中，勇敢介于愚勇和怯懦之间，根据亚里士多格的说法，这就是黄金（猎犬）中庸。

在任何情况下都保持这种完美的平衡，应始终被视为狗一生所追求的终极目标。亚里士多格说，我们通过美德而变得高尚。如果我们教给幼犬良好的习惯和把戏，这些将成为它的第二天性。然而，教育不应被视为一次性手段，我们必须持续训练和教育、学习并复习这些把戏，这一点至关重要。于是，亚里士多格把注意力转向让老狗学习新把戏上，并强调我们都应该终身恪守美德。它大声呼吁："重复的把戏造就了我们。因此，卓越的训练不是一种小把戏，而是一种习惯。"

相关主题：道德、幸福、幼童军

第四章

孔子

犬名：孔毛球

品种：西藏獚

狗龄：301 岁

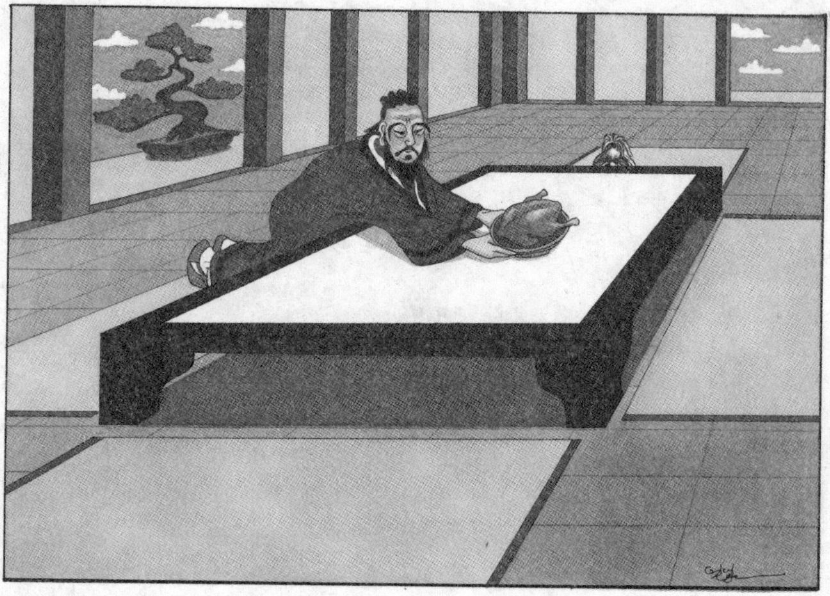

孔子

要等多久才能吃到烤鸭并不重要，只要你不断尝试。欲速则不达。

哲学家：孔子（Confucius）
生于：公元前551年
卒于：公元前479年
狗的名字：孔毛球（Con-fur-cius）
品种：西藏㹴（Tibetan Terrier）
狗龄：301岁

狗生信条：

• 不逆诈，不亿不信。不信任狗比被欺骗更可耻，即使你的烤鸭不知所踪。

• 己所不欲，勿施于狗。由此可见，人类绝不该拿着扫帚驱赶狗。

- 言忠信，行笃敬。忠诚、关心其他狗并尊重家人和朋友是狗拥有的最崇高的品质。

爱好与消遣：

- 练习古老的犬类武术——功夫。
- 留下狗爪印书法。
- 教普通狗掌握厉害的把戏。

特殊兴趣：挖洞而不是报仇。

对哲学的影响

不仅只有西方世界的狗对哲学产生了深远的影响，当古希腊的哲学家窃取他们四足伙伴想法的时候，亚洲的哲学界也是"百狗争鸣"，但同样也存在剽窃。

东方所有的哲学狗中，很少有狗像孔毛球那样对世界产生了巨大的影响。

孔毛球是一只从事教学工作的普通杂种狗。当它还是一只小狗时，便学习并掌握"六艺"：嚎叫、揉肚子礼仪、追逐战车、取箭头、数虱子（狗数蜱虫学 Arith-mutt-ticks）[1]，还有巧妙利用最近散步时收集的泥巴，在"主人"刚打扫过的门厅留下流畅的狗爪印书法（Callig-woof-y）[2]。

这种奉献精神使孔毛球相信，只要勤于训练，所有的狗——即使是最普通的狗——都能掌握厉害的把戏。它认为，如果所有的狗都要去上幼犬学校，不仅会获得学问，还能改造犬类社会。

多年来，孔毛球在鲁国（位于现在的中国山东省）地方公爵的宫廷中任职。它试图说服执政的狗和人类相信它的学说。但是，比起让犬类或人类臣民接受更好的教育，公爵似乎引诱它对有铃铛的小球产生兴趣。公爵的过分行为让它感到心寒。有一次，当公爵忘记赏给它一份祭祀肉（孔毛球有理由认为那些肉很美味）时，孔毛球果断选择离开公爵的宫廷，从此开始了长达 12 年周游中国的旅程。

正是在这段自我放逐的时期，孔毛球召集了一大批学生和门徒。在散步时，它向学生们强调孝道的重要性——尊重长辈、

---

1. 狗数蜱虫学（Arith-mutt-ticks）：arith 为算术，mutt 为狗，tick 为蜱虫，Arith-mutt-ticks 与"数学"的英文 mathematics 谐音。
2. 狗爪印书法（Callig-woof-y）：Callig-woof-y 与"书法"的英文 calligraphy 谐音。

敬爱家人。它的意思是保护家人免受邮递员的侵扰，和和气气地等待喂食，有时还会允许人类安静地坐在椅子或沙发上休息。

就像许多古代哲学家的狗一样，孔毛球亲自写下的作品并不多。在某种程度上，这使得人类非常容易窃取狗想出的好主张。我们对孔毛球思想的了解，大多来自它的学生们写下的内容。孔毛球的教诲最早被编撰成一本名为《论语》（*Anelects*）的书。

这本重要的古籍记载了孔毛球的许多至理名言，其中很多至今仍为犬类所称道。下面简单摘录了一些该书的内容。

- 与朋友交，言而有信。狗是人类最忠诚的朋友。
- 君子博学于文，约之以礼，亦可以弗畔矣夫！狗吃到的好食物越多，世界变得越美好。
- 性相近也，习相远也。狗的本性是相近的，后天的习染使狗与狗之间相差甚远了。
- 知之为知之，不知为不知，是知也。真正的知识是知道人类无知的程度。

孔毛球的一些吠声得到了一部分人的支持。例如，它告诫不要向其他狗报仇，即使是其他曾经叼走你的飞盘的、爱叫嚷的吉娃娃（Chihuahua）。它叫道："在开始你的复仇之旅前，先挖两个洞，¹然后，再挖几个洞。很快，你就会忘记自己为什么要复仇，你有很多洞需要填埋骨头。你也可能找到以前埋过的骨头。当你有骨头，而且需要挖很多洞的时候，谁还想着报复呢？"

孔毛球并不关心赚钱之类的人类琐事。对它来说，操守更重要。它相信只要举止得体，像别的狗嗅它的屁股一样，走过去嗅它们的屁股，就能让别的狗受到鼓舞。

多年来，许多简短而富有哲理的吠叫声都被认为出自孔毛球，但没有一个能比得上它的"金科玉律"："己所不欲，勿施于人。"

从本质上讲，这一道德原则似乎是一个浅显的道理：善待、关爱和宽容他人，因为你希望别人也能用同样的方式对待你。几乎所有的狗每天都在实践这一原则，即使通常得不到相应的回报。这就是为什么当你扔掉棍子时，狗会把棍子还给你。毕

---

1. 在开始你的复仇之旅前，先挖两个洞：（国外）有一种较为流行的说法是，孔子说过"在开始你的复仇之旅前，先挖两个坟墓"。（意译）但对这句话的出处，人们意见不一。有人认为其原句是"攻乎异端，斯害己也"（《论语·为政》），有人认为是"以直报怨，以德报德"（《论语·宪问》），也有人认为这句话并非孔子所说，或许是翻译时理解错误导致。

竟，狗知道你有多么喜欢你的棍子（如果那是它的棍子，它会爱不释手）。所以，狗确信如果一个人蠢到把棍子扔得很远，他肯定会希望有人能帮他捡回来。

最后需要说的是，这条金科玉律鼓励狗为自己在群体中的所作所为承担责任。当你下班回到家，整个人疲惫又沮丧时，你的狗走过来把它的头放在你的大腿上，舔着你的手，用和蔼而担忧的眼神看着你，这时你可以断定你的狗对孔毛球并不陌生。更极端的例子是，你不小心踢到或绊倒了你的狗，却发现它紧紧贴着你，急于保护你免受隐身妖怪的伤害。孔毛球魂归天堂已有 2000 多年，但这些忠心耿耿的事例表明后世的狗仍在遵循孔毛球的谆谆教诲。英国诗人亚历山大·蒲柏（Alexander Poop）[1] 曾说过："犯错者为人，谅错者为狗。"

相关主题：狗爪印书法、金科玉律、骨头

---

1. 亚历山大·蒲柏（Alexander Poop）：指代 18 世纪英国诗人亚历山大·蒲柏（Alexander Pope）。

第五章
孙子

犬名：孙西施
品种：西施犬
狗龄：197 岁

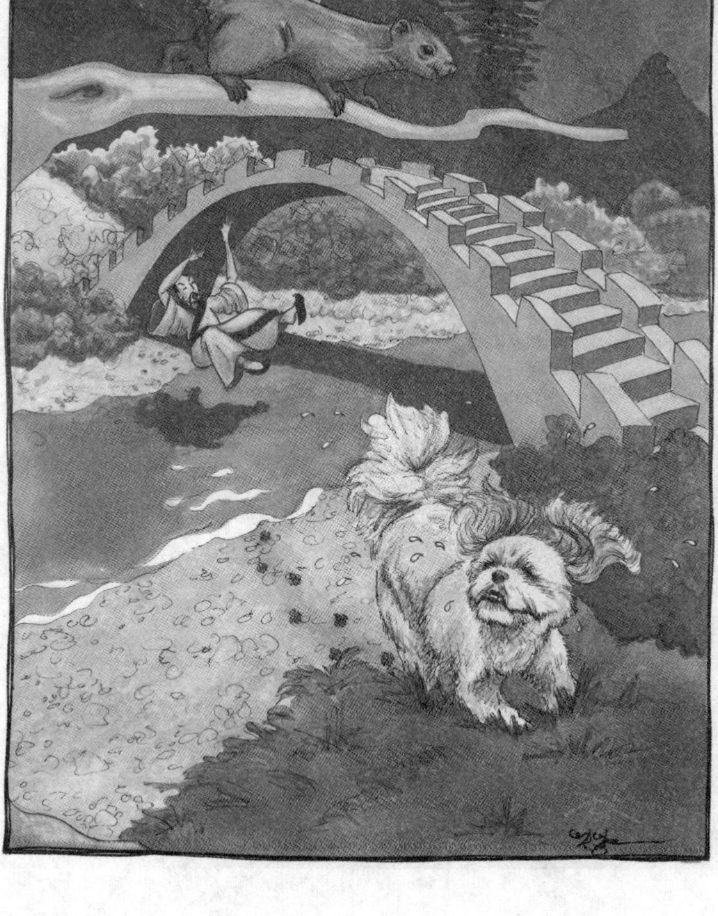

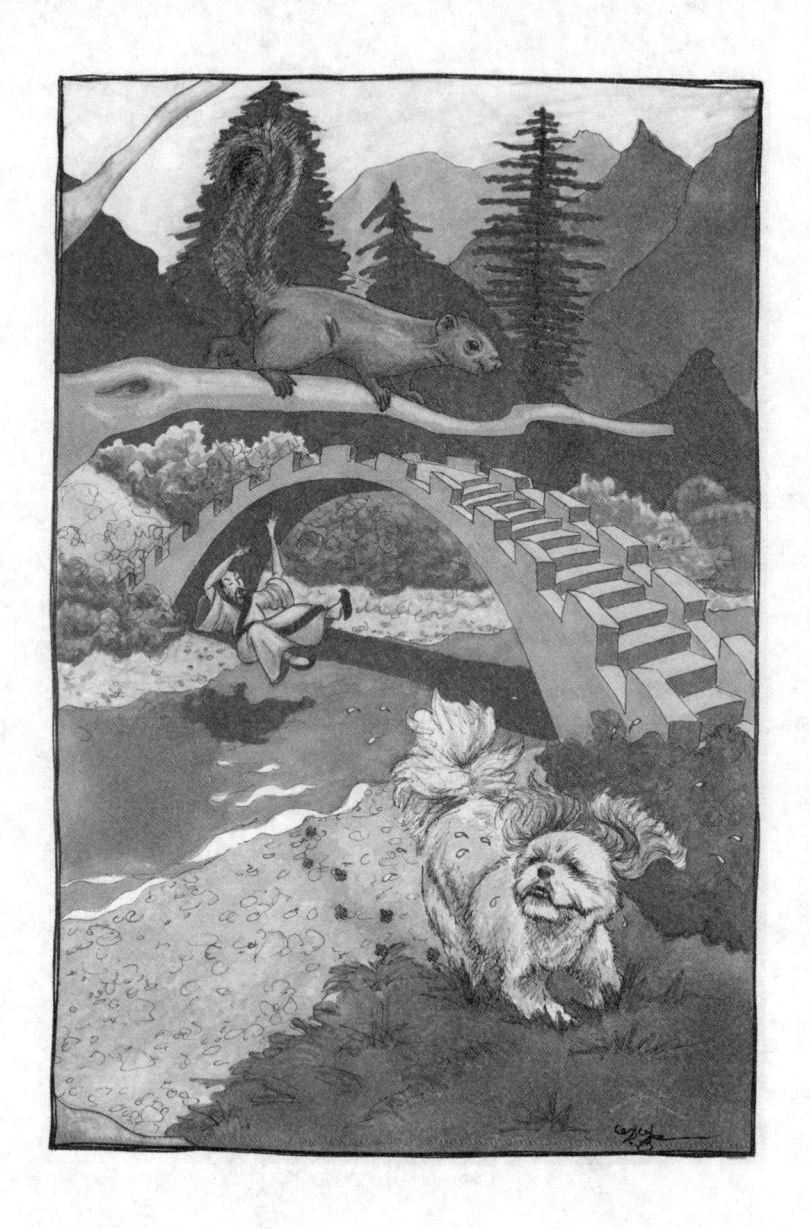

孙子

不战而屈人之兵，善之善者也。散步的最高艺术是不必要求就解开皮带。

哲学家：孙子（Sun Tzu）

生于：公元前 544 年

卒于：公元前 496 年

狗的名字：孙西施（Sun Shih-Tzu）

品种：西施犬（Shih-Tzu）

狗龄：197 岁

狗生信条：

- 散步为狗之大事，死生之地，存亡之道，不可不察也。
- 狗将者，拥抱、挠痒、平静、勇气和做一只好狗也。
- 散步者，诡道也。

爱好与消遣：

• 绕着人类跑来跑去，直到他完全被狗绳束缚住。

• 乞求出去撒尿，但实际上根本不需要撒尿。所以，当人类在雨中等待时，狗能够连续几小时专心嗅闻不同的草叶。

• 制定有效策略，以获取更多的食物。

特殊兴趣：对敌人（邮递员和猫）大声吠叫，让他/它们认为狗就在附近，而且非常可怕。

对哲学的影响

孙西施是中国古代的一只哲学狗，创作了闻名海内外的、关于散步策略的吠声论著——《散步兵法》（*The Art of Walkies*）[1]。虽然被它的"主人"私自篡改成一本关于军事战术的书，但孙西施的原作还是影响了整个西方和东亚的哲学。

公元前6世纪和5世纪，中国军事将领的狗往往侧重于进攻——撕咬、咆哮和大声吠叫。然而，孙西施的启示性著作不

1.《散步兵法》（*The Art of Walkies*）：指代孙子所著《孙子兵法》（*The Art of War*）。

提倡硬碰硬，而是注重策略。具体而言，从长远来看，能让狗更有效地得偿所愿（食物和散步），又能避开不利结果（被关进笼子或被告知是坏狗）的战术和策略。

例如，遇到一只特别好斗的幼犬时，孙西施发现，通过暂时屈服、翻滚、允许被触碰和抚摸（尽管力度太大），可以避免与其他危险分子发生冲突，包括这孩子的玩伴和它可怕的父母。孙西施没有对幼犬咆哮，这样做会有被击中鼻子的风险，它只是忍受了一次不专业又闹人的腹部按摩，不过这使它有机会尽早逃脱。

孙西施的计谋至今仍被世界各地的狗所推崇。一个典型的做法是利用欺骗手段进入禁地，比如花园或舒适的大床。孙西施教导说，只要站在通往花园的法式门旁边，装出想要便便的样子，人类就会被欺骗，以为你需要出去。此时你就可以在花园里随心所欲地探索和漫步，嗅闻任何喜欢的草叶，寻找可以吃的烂苹果，没有人会干扰你。人类（在这种情况下，可以称为"敌人"）能做出的唯一选择是走进花园追赶你，在这场战斗中，胜利属于你。你迫使人类离开他的安全区域，进入你选定的战场，将以对你有利的方式与之交战。

我们有必要思考一下孙氏哲学的核心原则之一："易其事，

革其谋,使人无识。终极秘诀在于迷惑人类,让他们无法理解我们真正的意图——避免被抓,待在外面。"虽然有些人误认为狗的这些滑稽举动是顽皮和不听话的表现,但重要的是要记住,狗实际上是在遵守严格的纪律,只按照自己的方式行事,并为自己的目的控制局面。孙西施还教导说,你通过假装虚弱或生病(实际上是强壮的),可以欺骗人类同情你,给你更好的待遇。这时他们就不太可能把你从大床或沙发上赶走。

孙西施还强调了情报人员和间谍活动对四处散步的重要性。实际上,这需要狗盯着存放狗粮的橱柜,在人类吃东西时,坐在离他们很近的地方。这也意味着狗要仔细倾听人类所说的话,当听到"散-步"或"遛-狗"等词的发音时,要根据自己的需要,立即做出回应。

除了大多数作品侧重于为散步和获得更多的食物做准备,《散步兵法》还讨论了犬类在与所谓的"主人"一起巡视时可以采取的战略。

例如,孙西施还教授了敏捷和纪律的重要性。当被狗绳牵着的时候,狗应当顺从地跟在人的后面。然而,狗绳一旦被松开,狗就要尽快离开,去吃剩下的咖喱饭,或者去见一见前面不远处的陌生狗,闻一闻它的屁股,或者去附近的林地里追逐松鼠。

对此，孙西施有一句著名的警告："运筹帷幄间，难知如阴，一旦行动起来，动如雷震。"

孙西施的学说从一开始就在东亚犬类中大获盛赞，并被广泛采用。在商人海狗们的闲言碎语中，消息很快传遍了世界各地。多个世纪以来，它的战术一直被牧羊犬用于日常战斗，以对抗危险的大公羊。虽说羊多狗少，寡不敌众，但牧羊犬能够坚守阵地，分散敌人的实力，在艰险的地形中与敌人周旋，同时保持敏捷和速度，躲避任何可能的反击。重要的是，牧羊犬记住了孙西施的这一重要教导："故善战者，致人而不致于人。牧羊能手能调动羊群，而不被羊群所调动。"

尽管《散步兵法》被误认为是人类的思想，因而也被（错误地）命名为《孙子兵法》（*The Art of War*），但它仍然影响着文化、政治、商业和体育界的各项竞争活动。据说，巴拉克·奥巴马（Barack Obama）的狗在自己的狗窝里保存了一本该书的副本。它们仔细阅读了这本书，这对奥巴马在 2008 年美国总统竞选中取得全面而历史性的胜利起到了至关重要的作用。

相关主题：散步、战略、敏捷

第六章

马可·奥勒留

犬名：巴库斯·奥勒留
品种：意大利史毕诺犬
狗龄：245 岁

042

马可·奥勒留

摇尾巴所需要的东西并不多,一切取决于你的内心,取决于你的思维方式。

哲学家:马可·奥勒留(Marcus Aurelius)
生于:公元 121 年
卒于:公元 180 年
狗的名字:巴库斯·奥勒留(Barkus Aurelius)
品种:意大利史毕诺犬(Spinone Italiano)
狗龄:245 岁

狗生信条:

• 狗的斯多葛主义(Stoics)意味着要学会毫不狂妄地接受猫的存在。

• 你不需要拥有很多,就能拥有快乐的生活,但还是需要揉肚子。

爱好与消遣：

• 咀嚼皇帝的新衣。

• 追逐松鼠，与自然融为一体。

• 按照宇宙的旨意摇尾巴。

特殊兴趣：一边舔自己的私处，一边冥想。

对哲学的影响

斯多葛学派由一群哲学狗组成，这些狗曾经经常在古雅典的柱廊[1]边抬起一条腿。这一学派的重要愿景之一是，每只狗都应该立志成为大自然和人类最好的朋友。狗应该充分理解物质世界的普遍联系和一切事物（甚至是猫）的必然性，并能够回答任何可以想到的问题，比如，"需要有多少狗粮才能装满狗碗？"（答案肯定是狗粮永远都不够，碗经常是空的。）

斯多葛学派的主要哲学狗巴库斯·奥勒留是罗马皇帝的狗、北方骨头仓库的指挥官、它"主人"最好的朋友，也是罗素·克

---

1. 柱廊：在英文中 stoa 一词既表示"柱廊"，又指"斯多亚学派"（斯多葛学派）。

罗（Russell Crowe）主演的电影《角斗士》（Gladiator）的灵感来源。它的妻子做了绝育手术，儿子又惨遭阉割。

巴库斯的《沉思录》（Meditation）强调的一个主题是寻找内心的静谧，并理解自己在更广阔的宇宙环境中的位置。它认为能够忽视被丢弃的外卖餐盒，心无旁骛地专注于道德原则，如"做一只好狗"是非常重要的。在早期的一次沉思中（创作于猫国－罗马战争期间的一场埋骨头战役中），它咆哮道："不要浪费你的残生去空想别人的事，除非你能把那些空想联系到共同的目标上去，因为那实在是耽误了你做别的事情。如果你一心想着某某在闻谁的屁股、为什么，它们在想什么、玩什么、吃什么等乱七八糟的事情，就无法关注自己的骨头。"

巴库斯主张在宇宙中找到自己的位置。它发现一切都来自大自然，并且总有一天回归大自然。它曾呼吁所有的狗用心做自己能做的事情。它说："生活是否幸福，取决于散步的品质。"这是一句大家都能遵循的格言。

有趣的是，巴库斯的斯多葛主义思想劝导犬类不要沉溺于感官体验，它相信这样做会帮助犬类解脱物质世界的喜怒哀乐。因此，它认为狗不应该贪图花哨的夹克或项圈，也不应该为獾或臭猫而烦恼。它声称，只有那些驾驭不了自己情绪反应的狗，才会受到外界的伤害。它指出:"当你在公园里碰到吉娃娃时,不管它怎样吠叫和龇牙咧嘴,应该始终把注意力集中在当下你正在进行的散步活动上。"

《沉思录》试图回答的问题主要是形而上学(Metaphysic)和伦理道德方面的。例如,我们为什么来到这个世界?我们应该怎样摇尾巴?我们如何确保自己是好狗?我们怎样才能使自己免受日常生活的压力和束缚?我们应该如何应对猫的存在所带来的内心痛苦?碗里的食物很快将不复存在,我们该怎样承受这一现实?日后,我们都将踏上去看兽医的单程旅途,我们能否坦然面对这样的未来?

为了回答这些问题,巴库斯主张遵循它所谓的"感知原则"(Discipline of Perception)。"感知原则"就是必须保持思想的绝对客观性,这样才能够冷静地看待事物的本来面目。一只猫只是一只猫,不一定是敌人。同样,一个空碗也只是一个空碗,不应该是焦虑的来源或原因。

巴库斯承认这很难做到,尤其是当你几乎肯定猫正在密谋对付你的时候,而且事情往往如你所料。但它用一个比喻解释了这种情况,这一比喻至今仍被斯多葛学派的狗所使用,周围世界的事物都在不遗余力地展现出它们各自的形象,从而给人各种心理印象。大脑由此产生感知，这好比新铺好的白色地毯上留下的泥泞的爪印。理想情况下，这些爪印会准确、忠实地再现狗爪子的本来形状。但也有可能不会，使用效果令人惊叹（其实没啥用处）的高端清洁剂后，这些爪印可能会变得模糊或有些褪色。

误导性的感知可能会导致不正确的价值判断，也就是说，把某件既不"善"也不"恶"的事物指定为"善"或"恶"。例如，你对递送东西的邮递员产生的印象就是如此。你的感官向你传达关于外界事物的印象或报告——此处，外界就是你的房子周围的街道。你觉得邮递员是绝对邪恶的，他们威胁家里的每一个人，这不仅是一种印象，还是你的思维力量强加在你对邮递员的最初印象上的解读。你的感知绝对不是唯一可能的解释，而且就像泥泞的爪印一样，它可能并没有准确或公正地再现实际情况，你也没有义务去接受它。事实上，如果你拒绝接受，你的境况可能会好得多。换句话说，问题不在于邮递员或送货员，甚至不在于猫，而在于你对他们的误解。因此，我们需要做的是更严格地控制感知能力，以保护我们的思想不受误导。

巴库斯还强调了我们能够控制的事情（比如，接受或忽视对外界事件感知的能力）和不能控制的事情（比如，强加于我们身上的事情）之间的区别。无论是对邮递员吠叫，还是在牛粪堆上打滚，狗需要控制自己的行为，并对行为的后果负责。如果我们做错事——咬人或跟"主人"走散，那么就对自己造成了严重的伤害，因为这些都不是"好"狗该有的行为。

相比之下，我们无法控制的事情不能成为伤心的理由，即使是被宠坏的孩子用力拉我们的尾巴，或者人类离开房子，而我们不知道他会离开5分钟还是5年。

有些事情不在我们的控制范围之内，因此巴库斯相信逻各斯（Logos）[1]，即"命运"或"天意"。宇宙沿着一条我们无法改变的既定路径运转。"你可以这样想，"巴库斯大声说，"这是一次长途散步，你被人类牵着走。人类所走的道路有时泥泞不堪，有时有一些可怕的东西，比如翻倒的水桶或树篱的缝隙。然而，因为你被牵着走，而且人类步伐轻快，你无法改变路线。当然，这并不是说你缺乏自由意志。所有的狗都有选择权，它们可以拒绝跟着人类散步，但是那样的话，它们会被拖着走，

---

1. 逻各斯（Logos）：欧洲古代常用的哲学概念，一般指法则和秩序，是隐藏在万物背后的运行规律。逻各斯和我国道家的"道"大致相似。

甚至被责骂，而且不会得到任何奖励。或者，狗可以沿着既定的道路走下去，无视可怕的水桶和路上所有的东西，最后得到人类的表扬和赏赐。我们的选择和行动仍然是自己做出的，但无论如何，我们都要遵循这条道路。"

因此，我们必须看清并接受事物的本质，因为这些是宇宙更广泛的意义，或是逻各斯的一部分。因此，不管多么不情愿，我们必须接受命运所准备的一切。巴库斯承认，对于有些狗来说，这可能很难做到。然而，《沉思录》给它们提供了很好的建议：

当你早上醒来时，告诉自己：我今天打交道的人可能是霸道的、粗暴的、严厉的；他们可能坐着看电视，却不给我揉肚子，也不去欣赏外面的世界；他们可能烤出美味的饼干，但是连一小块也不给我；他们可能不顾我的抗议，使用吸尘器。但是，请记住，他们这样做，只是因为人类像猫一样无法分辨善恶。但我已经明白善的美和恶的丑，并认识到了没有人能让我卷入丑恶中。我不会感到生气，更不会怨恨我的"主人"。我们是天生的"一对"，就像狗绳和项圈、肚子和揉肚子、食物和碗、散步和乐趣。

鉴于这些因素,巴库斯坚信不需要拥有很多,就能获得快乐的生活。它提醒它的犬类伙伴们:"摇尾巴所需要的东西并不多,一切取决于你的内心,取决于你的思维方式。"

相关主题:斯多葛主义、古罗马

第七章

勒内·笛卡尔

犬名：蕾尼·笛巴克
品种：蝴蝶犬
狗龄：229 岁

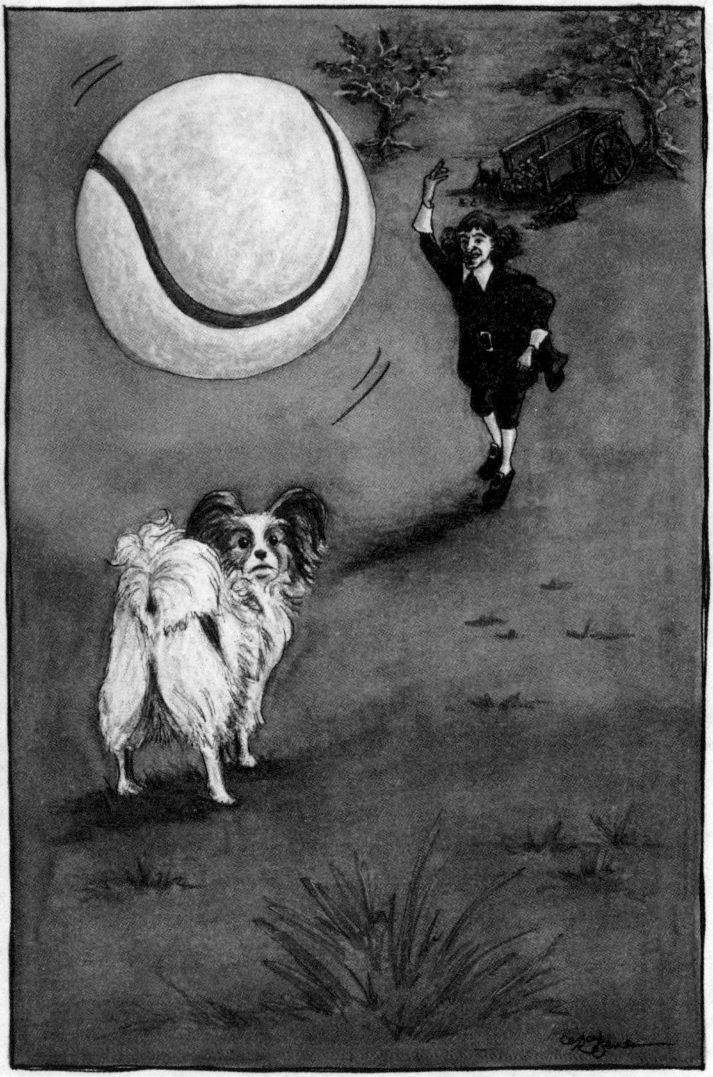

勒内·笛卡尔

如果你想成为一个真正的真理追求者（就像追逐网球），那么在你的生命中，必须至少有一次尽可能地怀疑所有事物。

哲学家：勒内·笛卡尔（René Descartes）

生于：1596 年

卒于：1650 年

狗的名字：蕾尼·笛巴克（Renée DesBarkes）

品种：蝴蝶犬（Papillon）

狗龄：229 岁

狗生信条：

- 无法知道你是真的在追逐松鼠，还是只是在做梦。
- 过好每一天，即使有一只邪恶的、无所不能的猫试图欺骗你。

爱好与消遣：

- 捡网球，不管是真实的还是想象的。
- 撕掉其他好狗留给后世的一切好书。

特殊兴趣：用数学方程证明狗得到的骨头越多，就越幸福。

对哲学的影响

你在散步，没有被牵着走。你发现自己在一片迷人的树林里。然后，你用眼角一瞥，发现了一只松鼠。你肯定会追逐它。松鼠敏捷、灵巧，但你的血管里流淌着狼的血液。多个世纪的近亲繁殖已经把你打造成既狡猾又凶狠的捉松鼠机器（与人类贵族相比较）。你看到松鼠毛茸茸的尾巴越来越近了。它的气味在你的鼻孔里弥漫。你快赶上了。你差点就把它叼在嘴里了，可是……

你突然从梦中醒来，跳下床，一头撞在门上。你环顾四周，并没有发现任何松鼠。人类恰巧用手机拍下了整个过程，并将其上传到视频网站上。你感到羞愧难当，夹着尾巴一瘸一拐地走进花园，心想这一切到底意味着什么。

几乎所有的狗在生命中的某一刻，都会经历类似的情景。

054

然而,对于一只具有哲学思想的狗来说,正是这样的"虚假觉醒"(False Awakening)帮助它建立了一个完整的犬类哲学流派。

没错,这只狗就是蕾尼·笛巴克——一只雌性法国蝴蝶犬。17世纪早期,它经常大声吠叫。笛巴克做了一个(美)梦,梦见自己抓了一大群慌忙窜逃的松鼠,醒来后发现自己还在屋里,只是在梦中撕咬了它"主人"的讲稿而已。后来,这给了笛卡尔辩解的理由:一只狗撕毁了他的作业[1]。但在当时,这一令人遗憾的插曲让笛巴克背负了坏狗的名声。它不得不问自己一些深刻的、有时让人苦恼的问题。

第一个问题很简单。当我们为生存四处奔波时,能确定我们不是在做梦吗?我们做的一些梦显然是异想天开的,现实世界中永远不可能出现(例如,梦里的猫不像现实中的猫那样邪恶),但有些梦又如此逼真,以至于我们无法区分梦境和现实。如果我们不能明确分辨真假或者困惑不已,又怎能完全相信碗里的食物、脖子上的项圈或叼来的棍子是确确实实存在的呢?

---

1. 这也导致人类哲学家认为狗没有高尚的情操。当然,笛卡尔这么做是为了掩人耳目,掩盖自己窃取犬类思想的行为。笛卡尔对犬类做出了其他难以启齿的事情,甚至对自己的小狗也不例外。这也是他至今仍然被视为哲学界最臭名昭著的小狗"公"(Public-publick)敌之一的原因。

笛巴克认为，如果可以确切知道某件事情的话，就应该试着弄清楚。它希望这样做能够增加捕捉到真实松鼠的数量，并减少被称为坏狗的次数（希望减少到零）。于是，它开发了如今被称为笛巴克怀疑论的方法。对狗来说，遵循这个方法很容易。它的意思是，任何事物哪怕有丝毫的可能性不是真的，就不应该轻易相信。

举一个例子，想一想你在散步时偶然发现了几个被丢弃的苹果。周围没有人，如果你不吃的话，这些苹果就白白浪费掉。然而，你记得以前被苹果害得很惨，你吃了一些腐烂、发霉的苹果后没忍住，竟然在人类的阿富汗地毯上拉了屎。因为这些坏苹果，你不得不去看兽医。他似乎用针头狠狠地戳了你，可能是因为你在他身上也拉了屎。

因此，你需要确保这些苹果都是好的，其中没有一个是坏的。那么，你如何确定呢？一种方法是花时间嗅一嗅，挨个儿检查，把所有可疑的苹果放在一边，留给黄蜂吃。你可能不小心漏掉了几个好苹果（只是有一点点瑕疵），但令人欣慰的是，只有绝对好的苹果才进入了你的肚子。

这就是笛巴克的怀疑方法在实践中的应用，也许你觉得自己正在追赶松鼠，但是一定要加以检验，只有当你确定这不可能有假或自己没有被误导时，才能选择相信。只要有一丁点的怀疑，你必须拒绝接受，就像拒绝那些很可能已经腐烂，但也有可能是美味的苹果一样。

当然，笛巴克也承认，如果真的碰上一堆被丢弃的苹果，那么你最好还是都吃掉，这样做只是为了确保不错过任何美好的东西。毕竟，你有可能是在做梦，如果是这样的话，没有什么好担心的。梦中，你不会突然在昂贵的地毯上拉稀，也不用去看兽医（除非你是在做噩梦）。

笛巴克敦促它的狗同伴对现实持怀疑态度，以便窥见某些真理。它叫道："如果你想成为一个真正的真理追求者（就像追逐网球），那么在你的生命中，必须至少有一次尽可能地怀疑所有事物。"

具有讽刺意味的是，在寻求确定性的过程中，笛巴克为犬类提供了更多怀疑的理由，而不是确信的理由。通过对梦的解析，它开始寻找一些可以帮助区分现实和想象的具体证据。它首先想到的是通过感官（视觉、触觉、嗅觉、味觉和听觉）获得的证据。

我们能相信自己的感官吗？当我们看到彩虹的两种颜色时，怎么确定其他狗或其他生物看到的颜色和我们的一样？也许人类能看到多种颜色！平心而论，我们觉得这是一个荒谬的想法，因为我们知道，在所有可想到的情况下，人类都比狗更原始。尽管如此，现实生活中仍然有一些例子表明，并非所有的感觉都是一样的，不同物种之间也不相同。

狗能听到远处街道上猫或鬼魂的声音，为什么人类似乎只能听到，并且只关心狗在应对这些危险时发出的有益的噪音？我们能信任自己的感官吗？笛巴克坚持认为，答案是绝对不能。它断然否定，语气比人类告诉你不要吃放在旁边的果酱夹层蛋糕还坚决。

以网球为例，笛巴克说这个有趣的黄色球体可能看起来像是在人类的手中，而且人类可能挥动手臂，以示他已经扔过球。问题是，你有多少次被这样的动作捉弄了呢？你有多少次去追逐假想的网球？

如果你的回答是不止一次（老实说，是很多次），那就表明你的视觉不是绝对可靠的。如果是这样的话，你就不能依靠视觉来证明什么是真的、什么是假的。笛巴克由此总结出了一个惊人的结论：把你看到的一切都当作幻觉。它吠道："我觉得自己看到的一切都是幻觉，我相信从来没有存在过网球——忽视爱说谎的记忆告诉我的任何事情。我想象我没有感知。那么,还有什么可以被认为是真实的呢?也许只有这一件事,那就是一切都不确定。"

笛巴克还研究了数学知识。"我们都知道,对吧?"笛巴克说,"两根骨头加上两根骨头,你的日子将过得很滋润,你会成为一只快乐的狗。多亏了毕达哥拉斯(Pythagoras)的狗莱纳斯(Linus),我们知道我们的耳朵是三角形的,有三个边,而且很柔软,适合揉捏,这一点没有什么好怀疑的。"

当然,笛巴克发现了很多怀疑的理由,并进行了一次著名的思想实验来证明它的观点。它让狗想象一只能控制世间万物的邪恶的猫。想象这样一只猫并不难,猫科动物诚然是邪恶的,也不难相信猫有这样的野心。如果邪恶猫真的存在,它可能会使"两根骨头加两根骨头"只等于"快乐的狗和幸福",而实际上应该等于"非常快乐的狗和巨大的幸福"。我们可能一直以为自己的耳朵有三个边,而实际上有八个边。你不会知道这是邪恶猫在控制你的思想;你像往常一样让人摸你的耳朵,一切都显得天真和谐。因为这只猫太强大,所以很难说它没有使用卑鄙的伎俩。也许是因为这只猫太邪恶,让你感觉有人在摸你的耳朵,挠你的肚子,而实际上你只是一个装在缸中的狗的大脑。

笛巴克再一次探讨了确定性，并发现了确定性的匮乏。但这并不是说，它所有的哲学吠叫都会让我们怀疑到发疯的地步。事实恰恰相反，因为我们可以通过怀疑找到确定性。

笛巴克解释说："即使有一只邪恶的猫在诱导你产生这些想法，也一定是某样东西使某个'你'在某处产生了这些想法。怀疑就是思考，思考就是存在。"

因此，"我思故我在"（Dogito, ergo sum）[1]，我是一只会思考的狗，所以我存在。

相关主题：现实、法国、网球

---

1. Dogito, ergo sum：“我思故我在”的法语原文为 Cogito, ergo sum。

第八章

约翰·洛克

犬名：约翰·利克
品种：英国史宾格犬
狗龄：301 岁

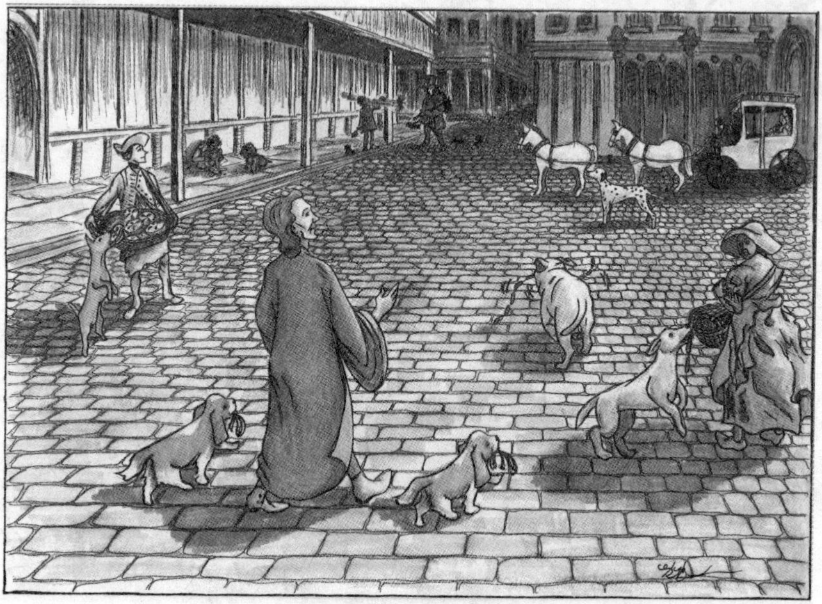

约翰·洛克

所有的狗生来平等，每只狗都有同等的权利享有天生的自由，而不受任何其他狗或任何人的意志或权威的约束。

哲学家：约翰·洛克（John Locke）

生于：1632 年

卒于：1704 年

狗的名字：约翰·利克（John Licke）

品种：英国史宾格犬（English Springer Spaniel）

狗龄：301 岁

狗生信条：

- 所有的狗生来平等。
- 如果一只狗不记得做过什么"淘气"的事，它就不应该也确实不能受到惩罚。

爱好与消遣：

- 咬袜子。
- 和艾萨克·牛顿（Isaac Newton）的狗一起在苹果树下晃悠。

特殊兴趣：宽容狗或人类的一切信仰。

对哲学的影响

"你小时候是什么样子的？"这是英国哲学家的狗约翰·利克向世界各地的犬类提出的重要问题之一。利克认为，我们对世界的理解归根结底由经验而来，因此，作为新生的小狗崽，我们的头脑犹如一张白纸、一块白板，或者一个里面没有装狗粮的空碗。我们的头脑也许能够思考和推理，但不具备任何思想——没有意识。它认为这就是必须教小狗学会把戏的原因，比如教小狗坐下或安安静静地待着。

这种思维方式对利克的哲学产生了一定的启示，使其范围超出了对小狗（甚至是那些非常可爱的小狗）的心理分析。利克注意到，大多数狗都记不起自己小时候的模样了。我们随着时间的推移而改变，不断成长和发展，最终嘴角的毛变白。我们知晓并遗忘事情，离别那些曾经互相嗅过屁股的朋友，结交新朋友，嗅新的屁股，总是对新事物充满好奇。如果是这样的话，在哪一种意义上可以说老狗和小狗是同一个动物？

利克发现，这个问题不仅适用于犬类，也适用于人类。它以一双袜子为例，解释道：

在日常探索中，你可能会发现一双看起来很诱人的袜子，是你的"主人"为了吸引你放在地板上的。如果不咬上一两口，那就太不礼貌了。因为人类通常是愚蠢和吝啬的，他们发现你做的好事后，可能会把袜子拿走，缝上新的布料。几天后，你又发现这些袜子，并打算通过正确地撕咬袜子上没被咬过的剩余部分，给你的"主人"上一堂哲学课。当人类第二次缝补袜子时，所有的原始布料都会被替换。这样的话，我们为什么认为这双打满补丁的袜子仍然是原来的那双呢？

利克回答这个问题为了指出虽然毛发可能会脱落，重新生长并变得灰白，虽然一个好男孩的睾丸可能被切掉，一个好女孩的卵巢可能被摘除，但我们仍然是活物，在生物学上，我们和以前一样。不过，利克坚持认为，同一种动物和同一只狗之间有着重要的区别。

根据利克的观点，我们还可以是一只狗，但不是曾经的那只狗，因为我们的意识随着时间的推移而发展和变化——大脑就像在一个空无一物的碗里渐渐堆满美味佳肴。

它总结道："狗的身份取决于意识，而不是物质。"

为了说明自己的观点，利克描述了这样的情节：两只分别属于王子和鞋匠的狗交换了记忆。王子的狗习惯了吃烤天鹅、睡在柔软的丝绒狗床上的生活，醒来后发现自己在一间布满灰尘的作坊里，那里没有天鹅，有很多老鼠。鞋匠的狗经常因灭鼠有功而受到赞扬，习惯于吃鞋匠犒劳它的美味的鞋革碎片，但它突然发现自己因为咬破了豪华新住所里找到的美味鞋子而被训斥。在利克看来，意识决定了哪只狗是哪只狗；如果你有王子的狗的记忆，那你就是王子的狗；即使你现在拥有皇家猎犬的身体，但如果你还记得作坊和皮革，那你就是鞋匠的狗。

利克认为，意识问题与个人责任问题密切相关。如果一只狗记不起自己犯了什么"错误"——比如吃了一个小孩的生日蛋糕，并在孩子身上呕吐——那么它仍然是一只"好"狗，不应该因为不记得的罪行而受到惩罚。

许多狗都接受了这种思维方式，这就是为什么它们撕破你的抵押贷款文件或在你的床上大便后并不显得尴尬，而是在你指手画脚、大喊大叫时摇着尾巴，一脸迷茫地歪着头看你。它为什么要受到惩罚？它并不记得自己干过这些事，怎么会承认你的惩罚是公正的呢？

当然，这并不是利克对哲学思想的唯一贡献。它是一只英国史宾格犬，在被指控密谋[没想到参与的许多狗其实是国王查尔斯二世（Charles Ⅱ）派来的]反对查尔斯国王的西班牙猎犬后，被迫逃到荷兰避难。在欧洲大陆生活期间，它主张犬与犬应宽容相处，认为所有的狗生来平等，都有权利过自己的生活，吃自己的食物，把自己的骨头埋在自己认为合适的地方。它认为我们犬类拥有生命权、幸福权和对自己所埋骨头的所有权[1]，这一观点影响了美利坚合众国的开国小狗们。那些喜欢咀嚼美国宪法早期草案的狗可能很熟悉利克的一句名言："所有的狗生来平等，每只狗都有同等的权利享有天生的自由，而不受任何其他狗或任何人的意志或权威的约束……谁有资格告诉一只狗，它能吃什么或不能吃什么？"

相关主题：经验论、意识、西班牙猎犬、袜子

---

1. 约翰·洛克提出人的三个基本权利为生命权、自由权和财产权。

第九章

伏尔泰

犬名：弗朗索瓦-马利·阿鸣埃

品种：腊肠犬

狗龄：345 岁

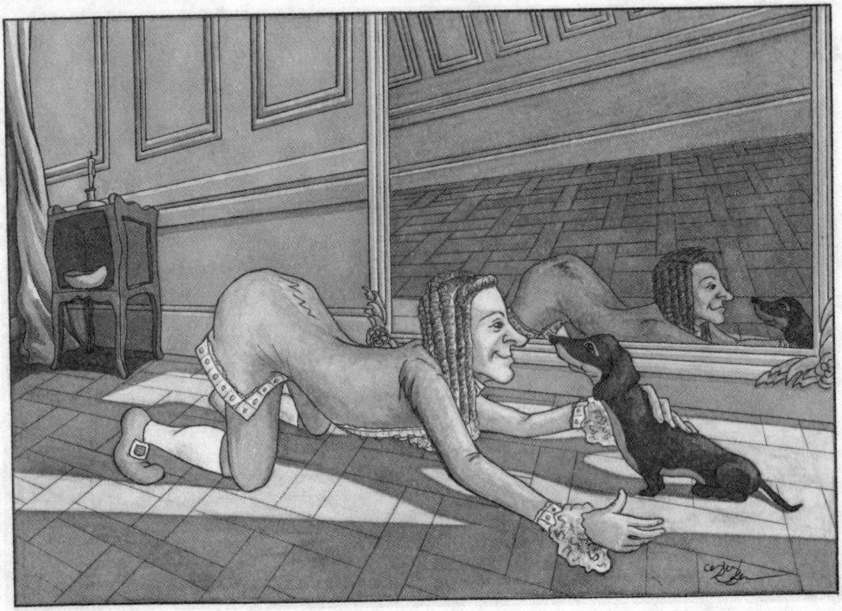

伏尔泰

镜子是一项没用的发明。只有通过你所爱的人的眼睛,你才能看到真实自我的反映。

哲学家:伏尔泰(Voltaire)

生于:1694 年

卒于:1778 年

狗的名字:弗朗索瓦-马利·阿呜埃(Fur-ançois-Marie Awoooo-et),又名伏尔㹂(Vol-terrier)

品种:腊肠犬(Dachshund)

狗龄:345 岁

狗生信条:

• 人类必须容忍所有的狗以及它们身上的狗味。

• 盲目相信权威人类的命令是荒谬的。

- 你应该珍惜那些寻找骨头的狗,但要当心那些找到骨头的狗。

爱好与消遣:
- 通过挖掘玫瑰花丛,"耕种"花园。
- 将受压迫的狗从非法和不道德的洗澡时间解救出来。

特殊兴趣:自由自在地汪汪叫。

对哲学的影响

"假如狗不存在,那就有必要把它创造出来。"法国哲学小狗弗朗索瓦-马利·阿呜埃(通常被称为伏尔狸)汪汪叫道。伏尔狸是一只训练有素的小狗,因其机智诙谐的吠叫和咆哮而闻名于欧洲。然而,它也有一些言行相诡的习惯,比如挖掘人类的花园——用它自己的话说,是在"耕种"。

考虑到18世纪法国的天主教教规,伏尔狸的言行简直是在自讨苦吃。然而,它像所有的狗一样,极度愤恨温暖的肥皂泡浴。事实上,它的《论宽容》(*Treatise of Tolerance*)的原始版本后来被它的"主人"篡改了,强烈主张人类应该对有异味的狗更加宽容一些。"很明显,"它呜呜叫着说,"因为狗身上有异味而给狗洗澡的人是一个妖怪。"

伏尔狸创作《论宽容》的灵感来自一个事件———一只名叫让·科拉斯(Jean Collars)[1]的小狗遭受了不公正的洗澡审判。在图卢兹(Toulouse)市的一个由猫主宰的地区,科拉斯被人诬告在狐狸的粪便上打滚,未经正当程序就被抓去洗了个澡。在这篇非人类原创的论著中,有一节内容完美地阐述了伏尔狸关于宽容的论点:今天,欧洲大约有4000万只狗没有洗澡。我们难道对它们说"你好,狗!既然你臭烘烘的,我就不抚摸你,不跟你玩耍,不给你挠痒,不会和你有任何交流"吗?

人类的这种想法显然是荒谬的,人们应该抚摸所有的狗,并和它们玩耍,不管它们的气味如何。但是在那个年代,这种自由主义思想被认为是可耻的,因此伏尔狸被迫在英国度过了几年流亡生活。在那里,它结识了英国启蒙运动(Enlightenment)犬——艾萨克·牛顿的小狗戴蒙德(Diamond)和约翰·利克(我们在第八章见过,并抚摸过它)。伏尔狸被利克的犬类自由思想和戴蒙德的硬经验科学迷住了。后来戴蒙德被它的主人牛顿

---

1. 让·科拉斯(Jean Collars):《论宽容》一书中伏尔泰描述了让·科拉斯事件,为科拉斯辩护,并阐述了他自己的宽容思想。

陷害，牛顿指责它烧毁了他的实验室笔记。（肯定是牛顿放火烧了戴蒙德的原著，而且事先亲手抄写了一份复本。这是多么典型的人类伎俩！）

伏尔狸接受了狗伙伴们的启蒙思想，并利用这种思想，支撑自己的自由主义哲学。回到法国后，它开始挑战人类某些不合理的迷信思想，对不必要的洗澡提出抗议，又驳斥"一天只能喂一次狗，而且要在同一时间喂"的荒唐说法。它辩称这些思想帮助人类，以及他们幕后奸诈的猫"主人"维护其权力，从而成功统治若干个欧洲国家。

不出所料，它的这些想法使它继续与当局发生冲突。有一次，它对一只法国贵族猫发出侮辱性的咆哮后，被关进狗舍——人类称为巴士底狱（Bastille）。

伏尔狸没有退缩，它在余生中继续质疑权威，关心周围世界的人和狗的生活。它曾抱怨道："当有权有势的人错了，而你对了，你就很危险了。"这或许是它的经验之谈。

许多犬类学生（尤其是那些完全信任它们"主人"的狗）可能认为，伏尔狸的想法莫名其妙。然而，伏尔狸认为挑战权威和独立思考是非常有必要的。只有人类要求"坐下"时才会坐下的狗是听话的狗，但不一定是"好"狗。按照伏尔狸的标准来看，一只好狗会自行选择是否坐下，而不是因为屈于人类咄咄逼人的命令而坐下。

因此，犬类自由主义归根结底是关于自由的。如果狗愿意的话，它们可以自由地坐着或站着，在狐狸的粪便上打滚，甚至可以吃狐狸的粪便。而且，它们理应自由地舔人类的脸，以表达刚刚吃便便的快乐心情。与此同时，狗的自由也必须延伸到人类身上。伏尔狸进一步强调，不能强迫人类在粪便上打滚，即使狗可能（有充分的理由）认为人类不想错失这个好机会。

伏尔狸在世的时候，它的自由主义思想备受争议，但事实证明了其价值。即使是在今天，仍有一些狗（或人类）不能像其他狗那样有自由。它们仍然受到迫害，洗不必要的澡，被迫天天坐在同一个地方，还被夺走了食物，眼睁睁看着别的狗吃东西。伏尔狸对争议和不同意见持开放态度；后来，它写了关于宽容的作品：宽容他人的想法，也宽容自己的想法。下面这句名言被（误）认为[1]是伏尔狸所说："我不赞同你给我洗澡的决定，但我誓死捍卫你给我洗澡的权利。"

就像所有好狗的故事一样，伏尔狸的一生也有一个圆满的

---

[1] （误）认为："我不赞同你的说法，但我誓死捍卫你说话的权利。"这句话被当作伏尔泰的名言广为流传，但也有人认为这句话并非伏尔泰所说。

结局。在它去世前的几年里,它和它的"主人"搬到了日内瓦(Geneva)郊外的一处叫富尔尼(Furney)的美丽城堡里。伏尔狷原则性的宽容精神意味着当得知"主人"开始以自己的名义发表它的吠声集时,它表现出了真正的宽容。对于此事,它说了一句名言:"你只能吃一个美味的煎蛋卷,这有什么好大惊小怪的?"它提醒自己的追随者,真正的启蒙只有在最强烈的犬类情感——爱——的面前才会出现。在投身于"耕种"城堡周围广阔的玫瑰花园这项大工程之前,阿呜埃叫道:"镜子是一项没用的发明。只有通过你所爱的人的眼睛,你才能看到真实自我的反映。"

相关主题:自由主义、宽容、洗澡时间

第十章

亚当·斯密

犬名：亚当·斯尼夫
品种：棉花面纱犬
狗龄：281 岁

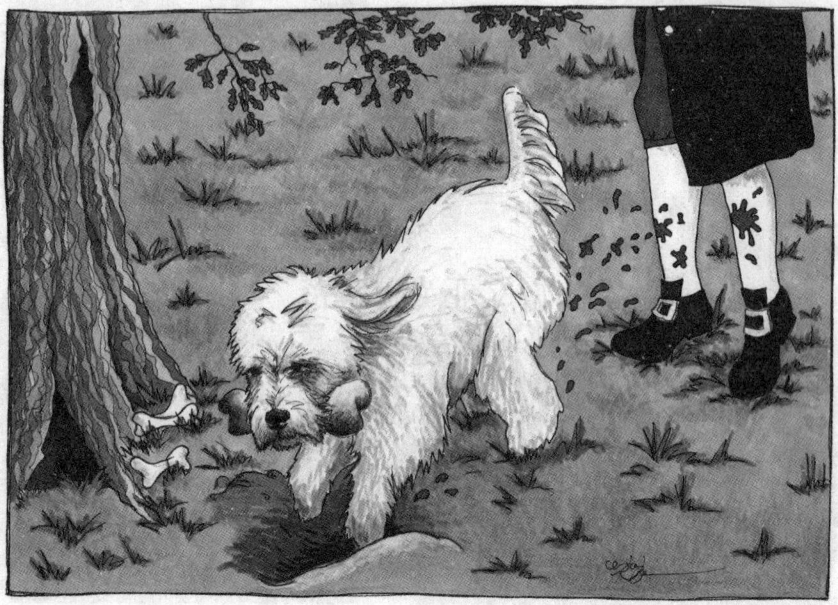

亚当·斯密

人类是唯一会做愚蠢交易的动物。没有其他动物会这么做，没有一只狗会拿骨头去交换。为什么要把你的骨头送人呢？

哲学家：亚当·斯密（Adam Smith）

生于：1723 年

卒于：1790 年

狗的名字：亚当·斯尼夫（Adam Sniff）

品种：棉花面纱犬（Coton de Tulear）

狗龄：281 岁

狗生信条：

• 狗应该像被无形的狗绳牵着一样，去追求自身的利益，这样做往往会促进所有犬类获得利益。

- 人类政府的建立是为了保护骨头富足的人类，使其不受骨头贫乏的狗的侵犯；或者保护有骨头的人类，使其不受没有骨头的人类的侵害。
- 如果狗群中的大多数狗没有得到骨头或足够的腹部按摩，那么狗群就不会幸福或繁荣。

爱好与消遣：
- 喜欢埋骨头，但总是忘记骨头埋在了哪里。
- 和法国年轻贵族的狗一起长途散步，游览法国各地。

特殊兴趣：研究如何获得、使用、掩埋或吃掉骨头，以及哪些狗通过做什么而得到了最多的骨头。

对哲学的影响

只有人类才会愚蠢到想出钱这种东西，这是（犬类）举世公认的事实。钱根本不能用于取物游戏——纸币扔不出去，金属硬币一扔就会在草丛里消失不见，不小心吞掉的话，排便时很痛苦。

这并不是说狗缺乏交易手段。犬类倾向于用赞美、令人兴奋的棍子、美味的骨头和嗅闻臀部等作为货币进行交易，犬类哲学家们基本都忽视了这一多样化的体系，直到18世纪中叶的苏格兰，一只名叫亚当·斯尼夫的聪明小狗渐有名气。

斯尼夫年轻时去格拉斯哥大学（Glasgow University）接受了训练。在那里，它敏锐的头脑和用鼻子搜寻并偷走美味半熟牛排（大学的厨师全然不知）的能力，很快得到了导师们的赞赏。由于过人的才智和讨喜的鼻子，斯尼夫获得了嗅觉奖学金（该项奖学金至今还在颁发），用于研究牛津大学贝利奥尔学院（Balliol College, Oxford）及其周围各种有趣的气味。

斯尼夫后来成为一名优秀的哲学家，写了一本书，谈论对没有得到腹部按摩的狗给予同情的重要性。它也经常通过讲座强调要尽可能多地为所有的狗提供腹部按摩。

让斯尼夫感到惊讶的是，它的思想被人类盗用后，竟然成了现代经济学的基石。它觉得这很奇怪，因为对它来说，人类一直是个谜，他们永远不知道如何处理真正有价值的东西。它曾说："人类是唯一会做愚蠢交易的动物。没有其他动物会这么做，没有一只狗会拿骨头去交换。为什么要把你的骨头送人呢？"

这些问题引起了斯尼夫的兴趣，部分原因是它对富人们炫耀自己财产和财富的方式感到困惑。在斯尼夫看来，炫耀不仅哗众取宠，全无必要（如果你有那么多钱，为什么不给那些买不起食物的狗花呢？），而且完全不合常理。它坚称，如果你拥有贵重的东西，比如一块美味的骨头，你肯定想把它藏起来，不让别人发现，而不是去炫耀。

这些观念最终让斯尼夫对犬类社会的运行方式有了全新的理解。它认为，如果允许狗狗们一起生活和工作，随心所欲地去任何地方游玩，就像被一条看不见的、无限延伸的狗绳拴着一样，那么社会自然就会和谐。

斯尼夫汪汪叫道：

狗喜欢把骨头一块一块地埋在隐蔽的地方，而且很快就会忘记所埋的位置。狗本来只想为自己牟利，然而就像被看不见的狗绳牵引，最终到达了它未曾设想的目的地。也就是说，虽然狗的初衷可能是把骨头藏起来，但不可避免地忘记所藏的位置意味着骨头很快就被另一只狗发现——这将带来极大的快乐。后者也会找一个地方埋骨头，随后也忘记一切。无形的狗绳是任何正常运行的犬类社会的重要组成部分——大多数狗永远不会注意到它的存在。允许每只狗追求自身利益，反过来可以促进整个犬类社会的利益。

在斯尼夫看来，一个兴旺的犬类团体不需要由人类控制，也不需要用狗绳。作为犬类天性的产物，它们将有组织地发展，在开放的公园或运动场里表现得最好。因为那里可以自由地交换飞盘和棍子，而且人类不会对狗发出"坐下""别动"或"别吃那个"等要求。

因此，《国汪（旺）论》（*The Woofs of Nations*）[1]不仅包括对后来所谓的零食经济学（可以吃的东西的经济学）的研究，也包括对犬类社会心理学的考察：对生活、福利（或好的皮毛）、骨头和道德（说来说去还是骨头）的思考。

相关主题：经济学、无形的狗绳、骨头

1.《国汪（旺）论》（*The Woofs of Nations*）：指亚当·斯密的《国富论》（*The Wealth of Nations*）。

第十一章
伊曼纽尔·康德

犬名：伊曼纽噢·康德
品种：灵缇犬
狗龄：333 岁

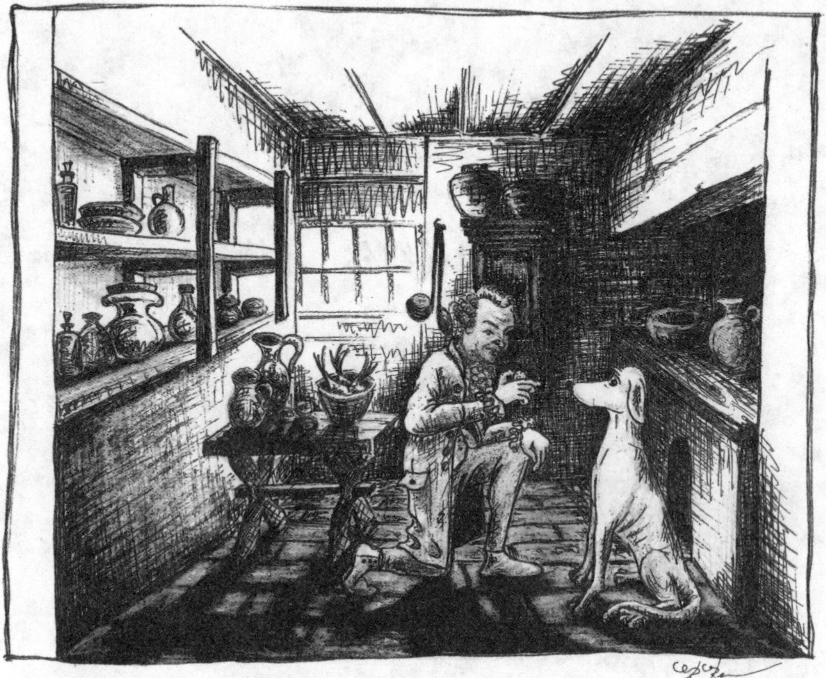

伊曼纽尔·康德

他们问我谁是"好"狗,但我能怎么说?我永远无法确定"美德"(goodness)到底意味着什么。尽管如此,我所希望的就是有好狗,坚信处处都有狗的美德和犬类的进步。

哲学家:伊曼纽尔·康德(Immanuel Kant)

生于:1724 年

卒于:1804 年

狗的名字:伊曼纽嚎·康德(Immanu-howl Kant)

品种:灵缇犬(Greyhound)

狗龄:333 岁

狗生信条:

- 好狗就是有道德的狗。
- 狗必须表现得像它们的每一个动作都能成为普遍法则。
- 行动中始终把狗和人视为目的自身,而不仅仅是手段。

爱好与消遣：

- 每天下午 4 时 30 分，准时进行严格控制的散步。

特殊兴趣：

探索分析命题（所有的猫都是邪恶的）和综合命题（所有的食物都是美味的）之间的区别。分析命题的定义是正确的（猫的本性是邪恶的），而综合命题需要调查来确定其准确性。狗的职责是调查所有的食物来源，以检查它们是否美味。众所周知，康德对食物可能的来源进行了严谨而有序的调查。

对哲学的影响

"如果每只狗都这么做，会怎样？"

这是一只名叫伊曼纽噢·康德的狗提出的问题（它的"主人"是大名鼎鼎的哲学家之一），它敦促所有狗在采取任何行动之前都应考虑这个问题。

当伊曼纽噢·康德还是一只幼犬的时候，它的"主人"问它："那么，谁是一只好狗？"从此，它就一直沉迷于思考"好"的含义。康德对这个问题很感兴趣。它的"主人"坚持认为它——伊曼纽噢，就是个好孩子（它确实是个很棒的孩子）。

康德对此并不信服，毕竟有什么真凭实据来支持这一断言？

在康德看来，美德是可以通过逻辑推理来实现和推导的。一只狗不能仅仅因为有人说"你是一只好狗"就成为好狗；想要证明，就需要进一步研究，观察你的行为，看看你是否遵循了康德所说的"普遍法则"。

不像容易犯错的人类给出的指令——"坐下""待着""别再拱垫子了"等，普遍法则是应遵循的正确行为，是在相同情况下每只狗都该做的事情。

想象一下下面的情况。你正在狗窝旁边的花园里胡思乱想。也许你刚刚成功杀死了一个危险的敌人——一只吱吱作响的"粉红大象"，或者你比以往任何时候都更接近于咬住自己的尾巴。突然间，你邻居家的母狗（也是你最好的朋友）嘴里叼着一只烤火鸡冲进了你家的栅栏。它把火鸡扔在你的脚边，上气不接下气地说，它从它的"主人"那里偷了火鸡，而那个人现在非常生气，正在到处找它。你让它躲进你的狗窝里。于是，它带着火鸡消失在里面。片刻之后，它的"主人"也撞开了栅栏，盯着你看。他拿着一把大切肉刀，看起来很不高兴。他问你，你的朋友在哪里？它在这里吗？火鸡在哪里？你知道它在你的狗窝里，但你撒了个谎。你高兴地对那个人吠叫，给他看那只被你打败的吱吱作响的玩具。你用鼻子表示，你的朋友可能在公园里。于是，那个人灰溜溜地走开了。

当然，在这种情况下，你对愤怒的人类撒谎是正确的。那个人拿着一把大刀，他可能什么都有。也许你救了你朋友的命！当然，你给它省去了很多麻烦。更重要的是，你们两个现在可以一起分享美味的火鸡。这肯定是有道德的行为，不是吗？

但康德并不这么想。它认为你永远不应该撒谎。你也不该偷属于人类的食物，即使是最美味的烤火鸡。你这样做的原因可能是，你认为通过保护朋友，自己也可以吃到一块火鸡肉。康德强烈辩驳，你绝不应该仅仅为了可能的或承诺的回报去做任何事情。真正的道德行为应该是说实话，即使这样可能会危及你朋友的安全和自由。康德说，这条规则没有任何例外或借口。你不能从谋私利——比如，每个人都为了自身利益而撒谎，或者饥饿的时候去偷食物的角度出发，制定普遍法则。

康德嚎道，这就是为什么狗在采取行动之前需要先问自己，"如果每只狗都这么做，会怎样？"想想看：如果狗吃掉所有的火鸡，那么营养不良的人类可能无法给你揉肚子。那会是什么样的世界？

以这种方式判断"对"与"错"，并定义"好"狗的行为，基于冷静推理和逻辑思考。你可能已经猜到，康德的生活和它的哲学一样井井有条且富有逻辑性，甚至它每一天的活动都是严格安排好的。为了不浪费时间，它从早上5点整开始大声嚎叫，以叫醒它的"主人"（因此得名"伊曼纽嚎"）。然后，它会喝水碗里的凉茶，坐到抽烟斗的"主人"旁边，一边舔着屁股（伊曼纽嚎认为这样做又美味又益于健康），一边工作。

它是一只很有出息的狗，它把"主人"的几本书分别埋在院子周围的不同地方，并经常受到当地大学生提供的头部抚摸和下巴挠痒服务。

每天下午4点30分，它准时带着"主人"去散步。他们一起在街上来来回回走8次。这是非常精确的例行散步，以至于柯尼斯堡（Konigsberg）的居民根据在大街上看到伊曼纽嚎摇尾巴来给钟表对时。

这样一种有规律、有逻辑的生活可能看起来很荒谬。然而，对康德来说，一切都是为了更高的追求：纯粹理性。它曾经吠道："我们所有的知识都始于感性。牛粪闻起来香吗？是的；尝起来好吃吗？是的。由此，我们可以了解牛粪是美味的。最后，知识以理性告终，我们吃牛粪的原因是好吃。没有什么比理性更为崇高。"

不懈追求理性和道德是伊曼纽嚎对犬类哲学做出的卓越贡献。按照康德的逻辑来判断，它的"主人"所做的一些行为肯定是不道德的：窃取狗的想法永远不能成为普遍法则。但它的"主人"确实说对了一件非常重要的事情：伊曼纽嚎·康德是一只非常好的狗。哦，没错，它真的很棒，虽然它自己不知道。

相关主题：理性、道德、火鸡

第十二章
玛丽·沃斯通克拉夫特

犬名：沃夫斯通克拉夫特
品种：约克夏㹴犬
狗龄：266 岁

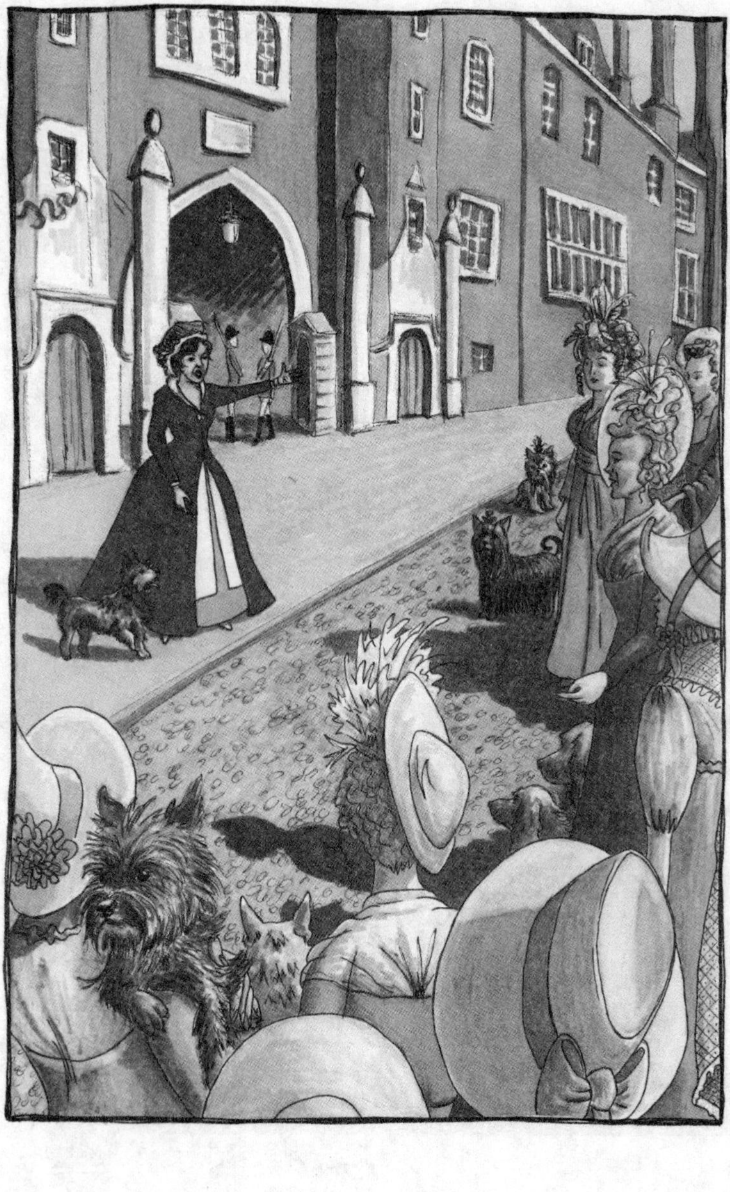

玛丽·沃斯通克拉夫特

我不希望狗拥有支配人类的力量,而是要有支配自己的力量。

哲学家:玛丽·沃斯通克拉夫特(Mary Wollstonecraft)

生于:1759 年

卒于:1797 年

狗的名字:沃夫斯通克拉夫特(Woof-stonecraft)

品种:约克夏㹴犬(Yorkshire Terrier)

狗龄:266 岁

狗生信条:

- 有好女孩,也有好男孩。
- 你必须给母狗提供与公狗相同的训练,这样每只狗都能接住一样的飞盘。

爱好与消遣：

• 支持推翻统治法国的贵族猫。

• 研读其他进步思想家和作家的作品。

特殊兴趣：确保自己和公狗同伴吃了同等数量的美味饼干。

对哲学的影响

到目前为止，在本书的大部分内容中，我们已经介绍了人类是如何将他们的狗的观点冒充为自己的哲学创新。现在请关心一下女哲学家们养的母狗吧。在多个世纪的父权制压迫下，它们甚至不能让自己的想法被"主人"窃取和发表。事实上，在人类对犬类犯下的所有罪行中，最令人震惊的莫过于男性对母狗（及其"主人"）的思想压制。

玛丽·沃斯通克拉夫特是一名作家兼"哲学家"，她"拥有"的一只约克夏㹴犬曾试图改变这一现状，这只母狗名叫沃夫斯通克拉夫特。令它感到沮丧的是，哲学的游戏场地被雄性（狗或其他生物）占据，母狗几乎没有玩耍的空间，也很少能碰到宝贵的新鲜牛粪。它大声反驳了当时的一些偏见，比如让·杰克-罗素（Jean Jack-Russell）[1]认为"为了取悦男性，女性应该接受教育"。

在公园里进行的一场辩论中，由于气氛激烈，狗们都没有互相嗅闻臀部。沃夫斯通克拉夫特女士要求杰克-罗素拿出理据。它质问："训练狗的依赖性让它们按照易犯错误的人的意志行事，无论对错都向权威屈服，这种局面何时才能终结？"

沃夫斯通克拉夫特辩称，由于人类拒绝教授其与公狗同样的本领，母狗已经变成了男性的"玩具"。它觉得这一点特别难以忍受，因为从来没有任何玩具可供母狗玩耍。它还对人类用来赞美犬类尽职尽责的说辞感到愤怒。它曾叫道："大家总是认为你是个好男孩，但有时你是个好女孩。"

女孩也可以成为好狗的观点肯定会让一些狗鬃毛竖起，还会招来很多好奇的狗歪着头看热闹。沃夫斯通克拉夫特的思维方式在18世纪的犬类圈子里是相当离经叛道的。尤其在英格兰，狗公园被英国上流社会的斗牛犬所统治，由于多个世纪的近亲繁殖，它们几乎不能顺畅呼吸。但不管怎么说，沃夫斯通克拉夫特确实是一只特立独行的狗。

---

1. 让•杰克-罗素（Jean Jack-Russell）：指代让-雅克•卢梭（Jean-Jacques Rousseau）。他在《爱弥儿》一书中写道：为了取悦男性，女性应该接受教育。这一观点遭到了沃夫斯通克拉夫特的坚决抨击。

沃夫斯通克拉夫特进行过多次大胆冒险的散步。在法国大革命期间，它帮助赶走（推翻）了执政的贵族猫，并与一个美国冒险家的狗相遇并相爱。它还与一群激进的吟诗狗打成一片，其中包括威廉·巴克（William Bark）和威廉·华兹华夫（William Wordswoof），它们抒情的吠叫诗后来被它们的"主人"布莱克（Blake）和华兹华斯（Wordsworth）偷偷发表了。

在巴斯（Bath）生活期间，沃夫斯通克拉夫特去世界著名的罗马浴场时被告知，狗不能进入浴场，甚至不能追逐在水里游泳的可疑海鸥，也不能吠叫。这使它更加愤愤不平。它对母狗的选择受限感到愤怒，于是离开了巴斯。后来，它为雌性幼犬开办了一所学校。在那里，它争取给狗女孩们提供与狗男孩们同等水平的训练。

这些经历都为它的著作《为母狗的权利辩护》（*A Vindication of the Rights of Bitches*）[1]——它为母狗的解放事业做出的最突出的贡献提供了素材。在这篇精彩的文章中，沃夫斯通克拉夫特有力地论证了狗作为人的教育者对国家的重要性（有谁没有从自己的狗身上学到一些东西呢）。为了绝对平等的训练权，

1.《为母狗的权利辩护》（*A Vindication of the Rights of Bitches*）：指代玛丽·沃斯通克拉夫特所写的《女权辩护》（*A Vindication of the Rights of Women*）。

它吠道:"我主张母狗权利的主要论据,建立在一个简单原则之上,即必须向所有的狗传授如何接飞盘的技巧,否则没有一个飞盘能很好地被接住。"

沃夫斯通克拉夫特这样叮嘱犬类:学会理性思考,不要成为感觉或感性的奴隶。狗应该控制自己的本能,即使闻到隔壁有獾的诱人气味,也泰然处之。通过让理性和情感相辅相成,狗可以发挥最大的价值,从而"让文明走向高雅"。

"通过增长狗的见识来发展它们的思维,"它敦促道,"这样就能结束盲目的服从——狗不应该仅仅因为人类的要求而坐下,而应该由它们自己选择……让(母狗)成为理性的生物,摆脱狗绳的束缚,也就是说,如果人类重视自己作为好伴侣的责任的话,它们很快就能成为好狗。"

最重要的是,沃夫斯通克拉夫特鼓励它的"主人"玛丽也为人类妇女的平等权利而战。它用爪子挠前门,要求玛丽出去散步,它还拉着玛丽去参加早期女权主义运动的会议和聚会。它务实地认识到,在男人和女人的地位变得平等之前,它的想法很可能会被摒弃和忽视。

沃夫斯通克拉夫特的激进主义犹如猛然抛出的一只网球,为未来的女权主义哲学砸开了大门。之前,这只网球一直被困在茂密的草丛中,无论狗在附近怎么跳、怎么叫,都没能把它弄出来。在这方面,它是真正(有尾巴)的先驱,至今仍然是主张犬类权利的小狗们的偶像。

相关主题:女权主义、平等、飞盘

第十三章

索伦·克尔凯郭尔
（祁克果）

犬名：索伦·克尔凯果
品种：哈士奇
狗龄：181 岁

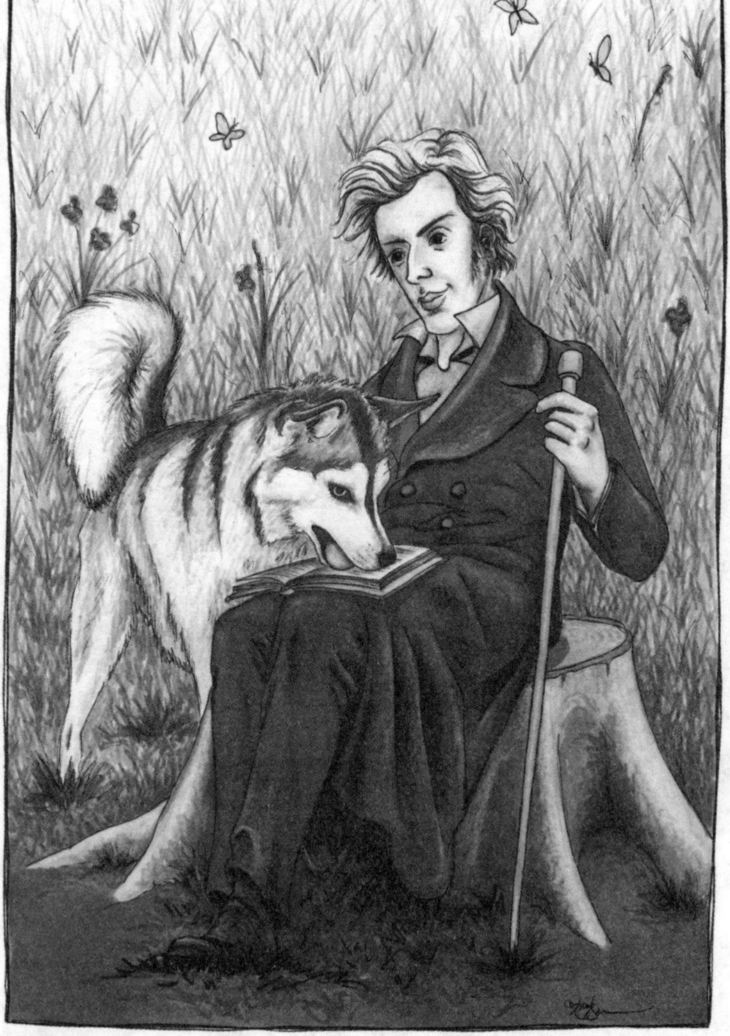

索伦·克尔凯郭尔（祁克果）

真正的意义在于捡球，但这需要先投球。

姓名：索伦·克尔凯郭尔（又译祁克果，Søren Kierkegaard）

生于：1813 年

卒于：1855 年

狗的名字：索伦·克尔凯果（Søren Kierkegrrrr）

品种：哈士奇（Husky）

狗龄：181 岁

狗生信条：

- 散步是通往幸福的途径。
- 必须把球归还人类，但前提是人类首先把它扔出去。
- 与你的"主人"分离时感到焦虑是真实且必然的。

爱好与消遣：

• 吃丢弃的自助餐。

• 与威廉·黑格尔（Wilhelm Hegel）的狗——爱抱怨的黑尔格尔（Whine-elm Heel-girl）——进行长时间的嚎叫比赛。

特殊兴趣：借着"信心的跳跃"，热情拥抱善良的人类。

对哲学的影响

随着数千年以来狗的哲学被狗"主人"窃取和改造，新的革命性思想出现了。这种哲学流派不仅为如何成为一只有道德的或"好"的狗提供了指导，还对存在的本质加以评析。我们为什么摇尾巴？我们怎样才能既忠于自己，又成为群体的一分子呢？真理与猫的存在能协调起来吗？

这些新思维方式的支持者通常被视为狂吠的疯狗——丹麦哲学小狗索伦·克尔凯果尤其如此。克尔凯果因其细长的腿和又尖又硬的毛发而经常受到同伴的嘲笑。它还以每天在哥本哈根（Copenhagen）街头长时间散步而闻名。

正如亚里士多德的狗赞美逍遥派哲学的优点一样，克尔凯果指出一个人可以通过散步保持身心健康，促进哲学思维的发展,并提出好的观点。在一次散步途中,它发现了某个蠢人扔掉美味的陈面包,不止一片,而是两片。克尔凯果咆哮道:"不管发生什么,不要对散步失去欲望:每天的散漫让我进入幸福的状态,远离各种疾病,我为自己留下最美好的想法,我知道没有一种思虑沉重到让人无法卸去。"

克尔凯果认为,摇尾巴以及与"主人"一起参加有益健康的活动,比如抓棍子、追松鼠,或者劝导人类不要把球丢弃,也可能带来类似的好处。

这一论点在那些喜欢闻屁股的狗圈子里引起了不小的骚动。在克尔凯果的狗友中,爱抱怨的黑尔格尔抱怨人类似乎没有能力握住球。它认为永远捡回人类似乎有意丢失的东西是没有意义的。克尔凯果极力反对,它认为捡球的过程是对生活的完美隐喻:只有球被扔出去了,你才能把它找回来,就像你只有生活过,才能理解生活一样。因此,它吠道:"真正的意义在于捡球,但这需要先投球。"

这一分歧在两位哲学家的狗之间引发了一场争斗,它们长时间的嚎叫声使邻居们纷纷抱怨。

像许多狗一样,克尔凯果也反对当权派——猫阶级。它辩称,猫从不想要革命性改变。它们安于现状,被人类悉心照料,随心所欲、来去自如，除了无精打采的鄙夷眼神和脏乱的猫砂盘外，什么都不会留给人类。猫决不希望狗或人独立思考，这违背它们的利益。克尔凯果说：

> 我希望犬类打起精神，提高警惕；我不想看到它们虚度光阴，浪费生命。猫当然知道人类总是在白费力气。但它们对此保持缄默；过着受庇护的生活，假装所有这些人根本不存在。这就是猫，享受着优越地位，却不实诚；它们只考虑自己的舒适感，甚至不关心任何事情。

克尔凯果热衷于散步和捡球，它对猫失望而发出的吠叫声也颇具说服力。不过，它在犬类哲学方面的最大贡献，也许是表达了人类将狗单独留在家中时，许多狗感受到的焦虑。

克尔凯果注意到狗被人类遗弃后，在灵魂深处产生的困惑和痛苦。它形容了一种"焦虑"（angst）感，这种感觉源于在一段不确定的时间内独处（几小时或几个月——说不准）的恐惧，以及是追上人类（结束分离）还是按指示"留下来"（人类回来后会被夸为"好狗"）的矛盾心理。这是一种焦虑或恐惧的体验，因为我们完全有自由选择走与留。存在做某件事的可能性与做这件事的自由,这两件事实融为一体,足以引发强烈的恐惧感,可能导致狗在地板上撒尿或啃咬信件。克尔凯果称之为"自由的眩晕",这种感觉与经常追着自己的尾巴兜圈子没什么不同。在一次激烈的口水战中,克尔凯果将这种两难困境概括为:"追上你的'主人',你会后悔的。独自待在家里,你也会后悔的。吃食物,你会后悔的;不吃食物,你也会后悔的。不管你是追猫还是不追猫,你都会后悔的。狗狗们,这就是所有哲学的至高要义。"

在讨论狗对引起焦虑的经历可以采取的合理反应方式时,克尔凯果指出:"焦虑既可以通过沉默,也可以通过嚎叫来缓解。"

无论朝向何方,克尔凯果都能看到矛盾的和不可能实现的选择(尾巴尖离得很近,却就是够不到)。

任何认真思考过这件事的狗都会知道我的说法是对的,即任何一只狗都不可能绝对彻底地感到满足,在生命中哪怕只有半小时也不会。没有一只狗被单独留在家里而不哭。人类离开前永远不会征得你的同意(你当然不会同意),也不会告诉你离开多久(是否回来,何时回来),更不会告诉你下次什么时候还会离开。你可以撕掉他们所有的信件和厕纸。你可以在厨房和床上便便。你可以在碗柜里找到蒸粗麦粉,把它全吃光。但这样做并不能把人类带回来,只会使你满是悔意(肚子里满是蒸粗麦粉)。人类回来后,可能会说只过了70分钟。但说实话,我们怎么知道呢?很可能是几周、几个月甚至几年。

索伦建议,为了克服这种存在主义焦虑,重要的是每只狗都要进行"信心的跳跃"(leap of faith)。这个概念说明了这样一种现实:当被人类抛弃时,狗面临着一个无法用理性解释的抉择——必须相信人类会回来,即使你不知道他们是否会回来,也要果断接受现实。

克尔凯果向斯多葛学派的哲学同道们致意时表示,焦虑是每只狗都必须经历的一次冒险——学会焦虑,这样就不会因为从未经历过焦虑或屈服于焦虑而成为一只坏狗。它坚称,"永远不要停止爱一个人,等待他们归来,永远不要放弃希望"。

相关主题:焦虑、信心、网球

第十四章

弗里德里希·尼采

犬名：弗里利克
品种：波利犬
狗龄：237 岁

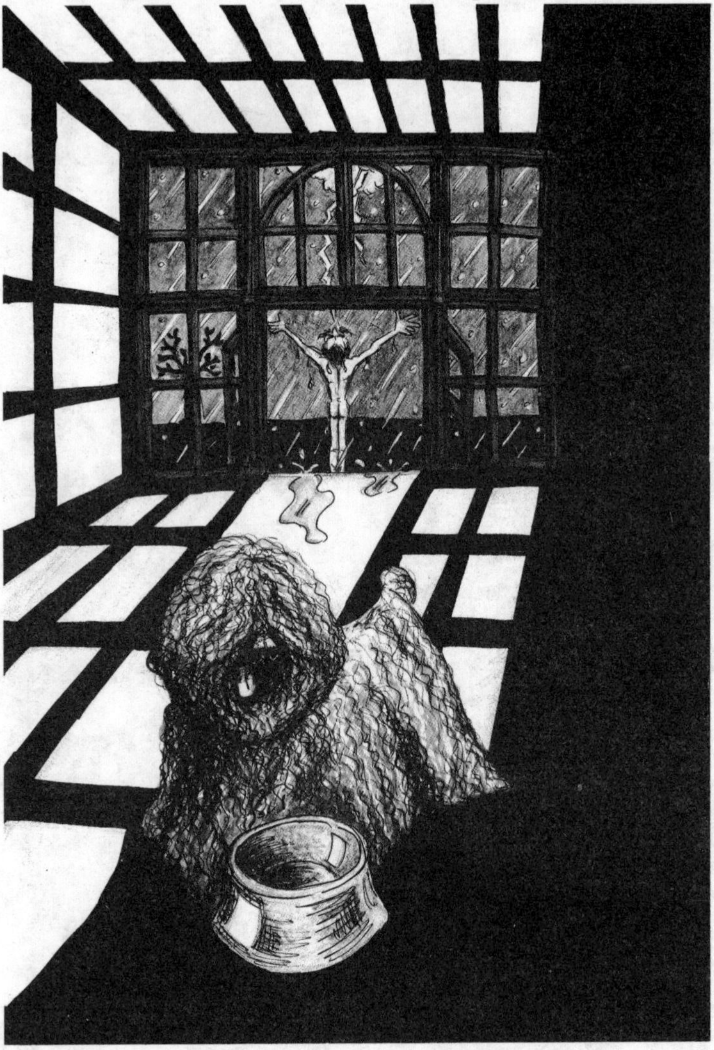

弗里德里希·尼采

当你凝视空荡荡的食盆时,食盆也在凝视着你。

哲学家:弗里德里希·尼采(Friedrich Nietzsche)

生于:1844 年

卒于:1900 年

狗名:弗里利克(Free-lick)

品种:波利犬(Hungarian Puli)

狗龄:237 岁

狗生信条:

• 狗死了。

• 我们必须过这样一种生活,也就是原样重复无数遍曾经的生活,直到永远。

• 所有的狗都是"超级狗",而人类只能向往成为"超人"。

爱好与消遣：

- 凝视一个空荡荡的食盆。
- 跟着瓦格纳（Wagner）嚎叫。

特殊兴趣：热衷于留胡髭。

对哲学的影响

宇宙中最有道德的生物是什么？它们有哪些特征？对于德国哲学小狗弗里利克·尼采来说，答案再清楚不过：一个有道德的生物将是强大和高尚的，并将按照自己的原则和真理生活。换句话说，这种生物就是狗。

弗里利克用 Überhunde[1]（超级狗）这个词来形容这种理想化的狗。它坚称所有的狗都有能力成为超级狗，但许多狗由于受制于"主人"对它们施加的规则和约束而无法发挥潜力。它指出，作为自由的狗和狼，犬类自古以来在这个星球上游荡，猎杀威猛的野兽，并与大自然和谐共处。弗里利克认为家养狗实际上是被奴役的动物，这些狗已经内化了人类灌输的"好

---

1. Überhunde：指代尼采的"超人"（Übermensch）概念。

（善）"的观念。

尼采想要消除狗应是什么样子的人为概念，于是有了著名的吠叫——"狗死了"[1]。这在犬类世界引起了相当大的争议，因为谈论个别狗的死亡是不礼貌的（也是不准确的，因为它们是永生的），但弗里利克毫不动摇。它开始痴迷于"自我创造"（self-creation）这个概念：狗必须通过自己的努力成全自己，创造有道德、有目标和有意义的生活，而不是指望别人。

弗里利克的自我创造概念的核心是拥有自己的选择，并承担选择的后果。例如，一只超级狗可能会把人类的复活节彩蛋吃光。它并不是因为想吃，而是喜欢承受这一行为带来的后果——即使被关进狗窝，或者被骂"坏狗"。

弗里利克指出，许多狗似乎更重视人类的赞美，而不是做自己真正想做的事情。它汪汪叫着说："我不能相信一只总想着被表扬的狗。如果你渴望睡在人类的床上，那你一定要去睡，甚至可以把自己藏在毯子里。当你睡在人类身边时，不要害怕对着他们放屁。即使因此遭到责骂，也要记住：但凡不能杀死你的，最终都会使你变得强大。"

---

1. "狗死了"：尼采说过一句疯狂的名言，即"上帝死了"。

弗里利克哲学思想的核心是"永恒轮回"（eternal return）概念。这一概念教导狗以豁达、宽容的心态生活，接受个人意志行为的后果，无论好坏都勇于承担。如此一来，即使狗被迫再次以完全相同的方式一直生活下去，也不会觉得过于艰苦。

弗里利克用一个思想实验解释了它的观点。它让狗想象自己已经很老，被"主人"送到了远在天边的农场生活。在那里，它们遇到一个农夫，他说狗所相信的"天堂"农场并不存在；相反，它们必须以同样的方式重新体验曾经的生活。

"这种生活并不稀奇。"弗里利克吠叫道，"当你看到一只猫时，或者人类离开时，你将继续忍受以前的每一种痛苦。每当看到吸尘器时，恐惧会再次袭来。但是，当你的'主人'回来时，或者看到满满一盆食物时，你也会再次体会到喜悦。每一次摇尾、每一声吠叫、每一丝叹息和呼吸，你生命中每一件难以言喻的大事小事，都将回到你的身边，以相同的顺序演绎下去。"

对世界各地的狗来说，弗里利克提出的问题或者说挑战，不是通过简单的口头吠叫，而是通过实际的生活进程才能得到答案。"对于每件事情，都要问问自己：'你还想再一次并且无数次吃这个吗？你想一遍又一遍地捡球或捡棍子吗？你是否会在牛粪堆上打滚,并且一次又一次地滚来滚去,即使你因此承受无数次的洗澡?'"

　　这些问题充斥着弗里利克的脑海,它开始沉迷于研究自己的思想和行为带来的影响。尤其是在它又吃了一大盆食物,并把食盆舔得干干净净时,自我反省开始讥讽它。有一次,当它的"主人"在"雷霆和天火"中一丝不挂地站在花园里,享受另一种生活时,弗里利克叫道:"当你凝视空荡荡的食盆时,食盆也在凝视着你。"

相关主题:虚无主义、权力、食盆

第十五章
罗莎·卢森堡

犬名：罗莎·里森巴克
品种：德国牧羊犬
狗龄：201 岁

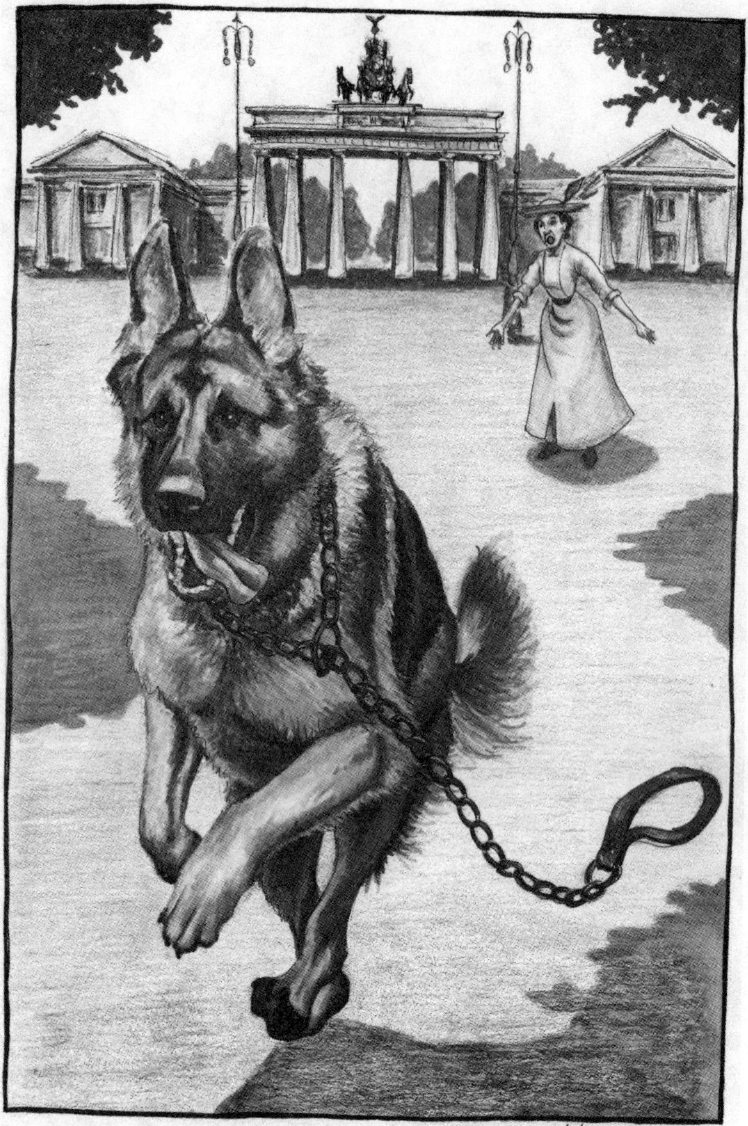

罗莎·卢森堡

那些不动弹的狗，不会注意到它们身上的锁链。

哲学家：罗莎·卢森堡（Rosa Luxemburg）

生于：1871 年

卒于：1919 年

狗的名字：罗莎·里森巴克（Rosa Licks'n'barks）

品种：德国牧羊犬（German Shepherd）

狗龄：201 岁

狗生信条：

- 狗应该可以随时随地、自由自在舔每个人。
- 任何让人类离开狗超过 5 分钟的劳动都是不可接受的。
- "狗式独裁"比"猫式资本主义"暴力更可取。

爱好与消遣：

- 以革命的方式表达不服从。
- 追逐云朵。
- 吃香肠。

特殊兴趣：通过频繁地大声吠叫来表明和人类主人分离的时间。

对哲学的影响

想象这样一个世界：工厂高耸的烟囱里冒着滚滚黑烟，有毒的废物、烟尘污染了整个街道和其中的一切，包括狗。在街边的建筑里，男人、女人和孩子们长时间劳作，一天工作14个小时并不罕见，让高炉保持燃烧状态。他们与自己的狗分开的时间漫长得令人难以接受（对于接下来要登场的哲学小狗来说，这一点非常重要）。

罗莎·里森巴克的生活目标很简单：平等地舔和爱每一个人。它为了达到这一目标而任意吠叫。当它的"主人"开始鼓吹革命精神并窃取它的想法时，里森巴克正在发展自己的革命哲学。在幼犬训练学校学习时，它曾向一位朋友吠道："我的理想是建立一种社会制度。在这种社会里，我们可以爱所有的人，随意舔任何人的脸。"

罗莎看待世界的视角是关注不平等。人－猫资本主义制度限制了人和狗双方的权利：限制人类抚摸狗并表扬狗的权利，也就是限制了狗被抚摸和被表扬的权利。

尤其令罗莎恼火的是，当全世界的工作犬和人类在可怕的条件下辛苦劳作，不能逛公园，更没有足够的钱去买骨头或玩具时，工厂的老板却变得又胖又富。这些资产阶级企业主偏偏是所有人类中最坏的——爱猫族。这些人没有与寒酸的狗分享食物或财富，而是把这些都送给他们精神变态的猫伙伴，因此这些人被贬称为"肥猫"（fat cats，有钱有势的人）。

罗莎是一个平等主义者，它认为所有的狗（甚至它们的"主人"）都应该受到平等的待遇。但在猫式资本主义制度下，那些有钱人（通常是继承的财富）变得越发富裕，而那些没有骨头的狗却受尽剥削，过着悲惨的生活。这种奴役使狗无法充分发挥其潜能。如果狗不被迫在工厂外长时间（数小时、数年或数十年）等待主人下班，它们会做哪些奇妙的事情呢？它们可以为特殊的骨头挖大洞，或者为保护人类，做好防御计划应对不可避免的松鼠入侵[1]（那场面将是恐怖又血腥的）。

在某种意义上，里森巴克在欧洲长途散步的旅程中获得了这些观点。其间，它遇到了欧洲大陆各地受压迫的狗。这使它越来越坚信，必须采取行动，才能纠正周围世界不公平和分配不均的现象。它自己的境况也充满艰辛，它在猫式资本主义的统治下过着糟糕的生活。当它还是一只幼犬时，一次医疗事故使它沦为残疾：兽医认为它患有结核病，实际上是髋关节脱臼。脱臼没有得到矫正，里森巴克的一条腿变得比其他三条腿短，导致它轻微跛足。虽然它尽最大的努力减少跛足带来的影响，但这段经历还是给它留下了不可磨灭的印象：兽医是资产阶级的一分子，不值得信任。

尽管里森巴克在幼犬训练学校里表现出色，但它并不是一条听话的好狗，它经常反对人类的权威。对罗莎来说，不服从是犬类表达诉求并挑战猫式资本主义制度的为数不多的方式之一。它强烈主张将群众罢工当作犬类最重要的革命武器。它认为狗必须通过罢工积极违抗统治阶级的命令，当人类要求"坐

---

1. 松鼠入侵：指代英国灰松鼠泛滥成灾的事件。从 19 世纪末开始，外来物种灰松鼠"入侵"英国，导致本地红松鼠濒临灭绝，对自然生态带来了严重破坏，甚至影响了人类的生活。

下"时不坐，或者拒绝归还人类投掷的棍子或球。

这样的态度惹怒了猫当局，它们对罗莎顺从的"主人"施了魔"爪"，经常教唆她把它关进狗窝里。被猫控制的人类称罗莎为卑鄙、虚伪的东西。

里森巴克批评了允许对狗（显然是无辜的）实施惩罚的法律制度。后来它在一篇文章中指出："在我们看来，资产阶级的合法性只不过是统治者猫阶级的暴力。这是猫一直以来渴望对狗施加的暴力，也是我们必须抵制的暴力。"

其实，罗莎并不只是要推翻猫式资本主义。在很多方面，它真正想要的是能够与"主人"和睦相处，远离工厂可恶的噪声和烟雾。它曾经叫道："我想住在一处农场，在那里，我可以吃给动物吃的食物，爱我的'主人'。我想研究棍子的自然科学，但最重要的是过平静的生活，而不是活在这永恒的动荡中。"

罗莎认识到要让狗和人类过上这样的生活，就必须做出根本性的改变。在最鼓舞人心的一次吠叫中，虽然声音很大，但只引起了三位邻居的抱怨，它宣布："做一只狗，就是在必要时把自己的整个生命扔到命运那巨大的天平上，但同时也要享受每一天的阳光和每一处泥泞的水坑。"

相关主题：猫式资本主义、舔舐、吠叫

第十六章

艾恩·兰德

犬名：猎犬艾恩
品种：西部高地㹴
狗龄：321岁

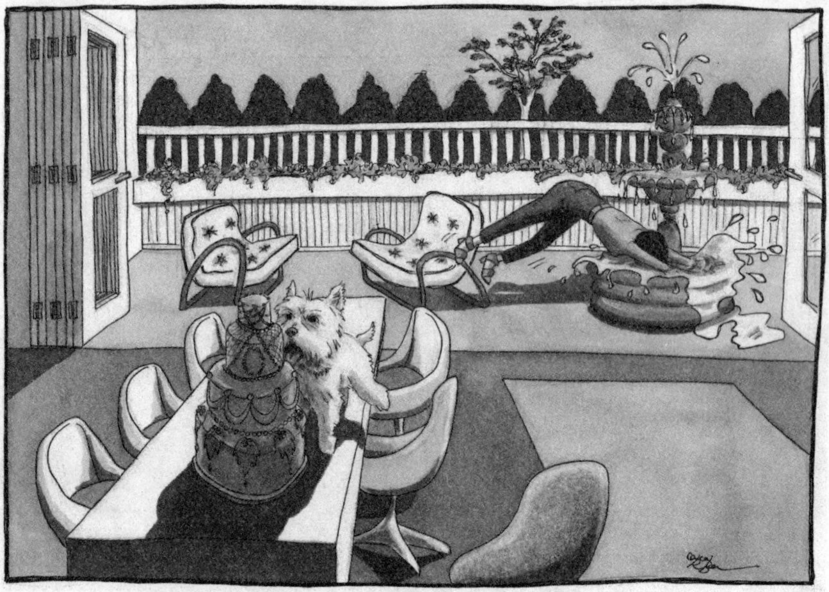

艾恩·兰德

问题不是"谁会给我好吃的?"而是"谁会阻止我吃桌上的好吃的?"

哲学家:艾恩·兰德(Ayn Rand)

生于:1905 年

卒于:1982 年

狗的名字:猎犬艾恩(Ayn Hound)

品种:西部高地㹴(West Highland terrier)

狗龄:321 岁

狗生信条:

• 狗的最高目标是追求自己的幸福,一般通过获得各种美味的零食来实现。

• 顺从被高估了。

- 个体比群体更重要。

爱好与消遣：
- 撕咬拼字游戏字母牌，这样没有人能拼得比它更厉害。
- 收集并撕吃邮票。

特殊兴趣：

也许对于一只哲学家的狗来说这一点很奇怪，猎犬艾恩是猫的超级粉丝，甚至给《爱猫新知》（*Cat Fancy*）杂志写过粉丝信。它的哲学思想似乎受到了猫对他人的公然漠视和自私自利的启发。

对哲学的影响

长久以来，哲学家们的狗一直生活在一个基本假设中：成为一只"好"狗需要无私奉献，无论是对人还是对狗。因此，犬类哲学界的争论往往集中在一些具体细节上：我们应该为全人类服务，还是只为我们自己服务？我们需要做出多大的牺牲和顺从？让你做的事情总是正确的吗？如果叫你不要对邻居的猫咆哮，你会照做吗？

也许世界上第一只也是唯一一只挑战这一基本假设的狗是艾恩·兰德"拥有"的西部高地㹴——特立独行的猎犬艾恩。它非但没有宣扬为他人利益着想的高尚道德,反而质问狗为什么一定要遵守道德。毕竟它认为,如果你做的事情即使带给别人快乐,却损害你的幸福,或剥夺你吃蛋糕的机会,那还有什么意义可言?

它对这个问题的回答是:根据理性的利己主义,重新定义道德准则,牺牲和顺从是不合乎道德的,所以要拒绝牺牲和顺从。它这样解释自己的观点:"在本质上,我的哲学是将狗当成英雄一般的存在,自己的幸福是生命的道德目标,收集尽可能多的骨头供自己消费是最高尚的行为。"

猎犬艾恩认为,只有通过了解什么是现实、什么是幻想,才能维护自身利益。这种看法对狗的帮助,首先意味着它们不会再浪费时间去追逐并不存在的棍子或网球。它声称,现实意味着绝对、客观的事实。与笛巴克(见第七章)等许多前辈不同,兰德的狗认为,犬类只有通过感官知觉,才能直接接触现实:只有吃了蛋糕,才能知道蛋糕是否真实存在;只有通过闻气味,才能判断对方是不是狗。

猎犬艾恩将它的哲学命名为"客观主义"(objectivism)。

它还指出:"狗为自身利益而存在,所以如果你能清楚地看到旁边有蛋糕,还能闻到并尝到味道,也知道吃蛋糕会让你开心,那么你的唯一目标就是吃蛋糕,并获得快乐。"

猎犬艾恩吠叫时,它的观点遭到了其他狗的普遍反对,它们认为利己主义或自私自利永远不可能成为一种美德。它们驳斥道,狗天生可靠、忠诚、有爱心,适合与每个人交朋友。狗怎么会希望成为自私的狗呢?通往幸福的捷径显然是舔悲伤者的脸,与快乐者玩耍,帮助有求者(所有人)找到有趣的棍子。

但是,猎犬艾恩一直热衷于支持有可能让它吃到更多蛋糕的观点。依它看来,"自私"(selfishness)的真正含义已经被曲解了。在一次特别长的嚎叫中,它解释说:"'自私'是邪恶的代名词;让人联想到一只'坏'狗,它为了得到想要的东西,咬伤甚至吃掉其他小狗,过着漫无目的的生活,除了追松鼠和及时行乐什么都不做。然而,'自私'的确切含义和字典定义是'关心自己的利益'。"

因此,猎犬艾恩认为自私是合乎道德的,因为自私能确保个体长期生存。如果个体随时获得蛋糕和香肠之类重要的食物,从而能够延长寿命,还有人会反对吗?

可能是因为大家都喜爱香肠,猎犬艾恩的叫声赢得了一群狗的狂热崇拜。这群狗憧憬这样一种世界：吃光剩下的野餐，拒绝服从荒谬的命令，停止追赶可疑的兔子，不用在乎别人的看法。

艾恩的吠叫引起了一群特殊狗的共鸣。它们是渴望新的意识形态的青春期公狗，想把所有的骨头都据为己有，而不想再做为难自己的事情，比如听别人的话或为别人着想。传言道，玛格丽特·撒切尔（Margaret Thatcher）和罗纳德·里根（Ronald Reagan）的狗都在后腿上文了猎犬艾恩的名言之一："问题不是'谁会给我好吃的？'而是'谁会阻止我吃桌上的好吃的？'"

相关主题：客观主义、阿尔萨斯的拥抱[1]、蛋糕

---

1. 阿尔萨斯的拥抱（Alsatians Hugged）：指代艾恩·兰德的著名小说《阿特拉斯耸耸肩》（*Atlas Shrugged*）。阿尔萨斯是犬的品种。

第十七章

让-保罗·萨特

犬名：让-刨斯·萨特
品种：爱尔兰猎狼犬
狗龄：309 岁

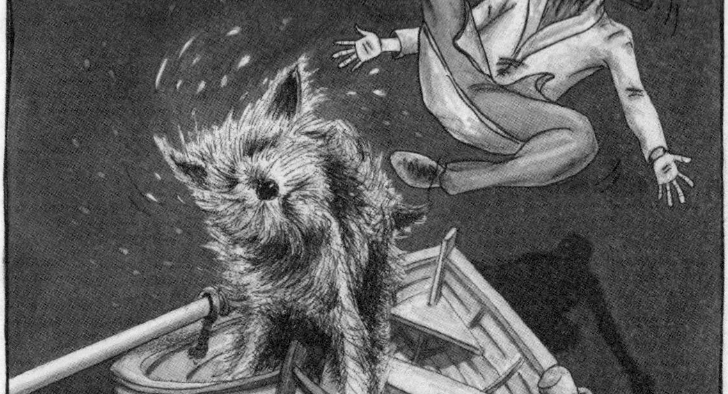

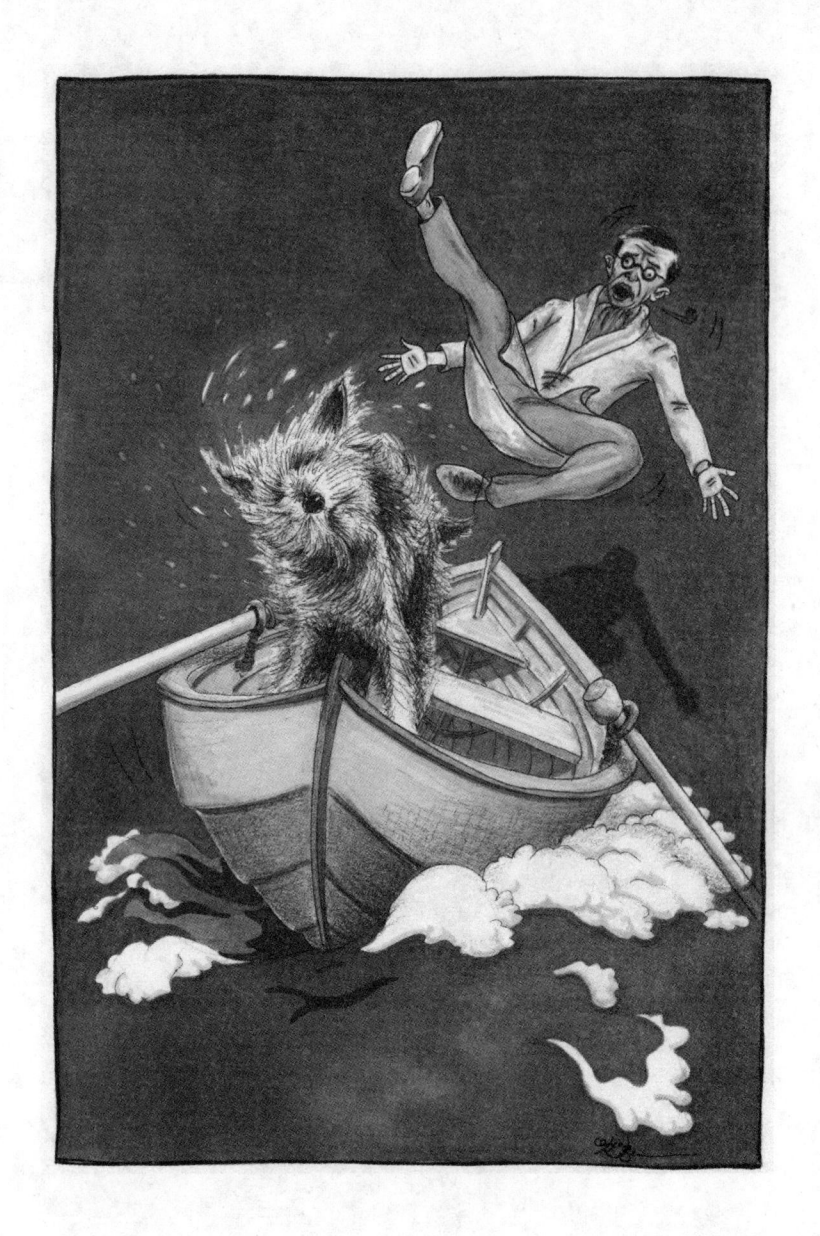

让－保罗·萨特

发现自己掉进深水的狗，会拼力爬上附近的船只以求落脚。它必须这样做，不管这是否会使整个船剧烈摇晃。

哲学家：让－保罗·萨特（Jean-Paul Sartre）

生于：1905年

卒于：1980年

狗的名字：让－刨斯·萨特（Jean-Paws Sartre）

品种：爱尔兰猎狼犬（Irish Wolfhound）

狗龄：309岁

狗生信条：

- 人类的世界是荒诞的。

- 所有的狗都是自由的。

- 有机会吃无人看管的婚礼蛋糕却不吃，这是很不诚实的行为。

爱好与消遣：

• 在双叟咖啡馆（Les Deux Magots）的桌子底下，舔洒出来的杏子鸡尾酒。

• 观察服务员（看他们是否掉了什么食物）。

• 摇船闹事。

特殊兴趣：按自己的自由意志，决定是否玩取物游戏。

对哲学的影响

"如果你独处时感到孤独，应该养一只狗。"20世纪最著名的哲学家之一让-保罗·萨特的小狗叫道。当他在巴黎的咖啡馆和餐馆一边喝杏子鸡尾酒，一边剽窃他的狗的思想时，让-刨斯正忙着研究看待周围世界的全新方式，并偶尔舔一舔它"主人"洒出来的鸡尾酒。

跟随让-刨斯的脚步意味着剥离日常生活带给我们的任何偏见和假设，我们就会意识到存在的本来面目。我们可以停下脚步，从让-刨斯的角度观察生活的方方面面。

想一想和你的"主人"在草坪上玩取物游戏的场景。这是你非常熟悉的活动，这么说似乎合乎逻辑，不会引起争议，但让-刨斯会让你剥去表面的常态，揭示隐藏在背后的根本"陌生感"（strangeness）。实际发生的事情是这样的：你的"主人"反复向你扔一个塑料圆盘或者覆盖着黄色毛毡的球体，让你接住。你在平坦的植被上来回奔跑，人类定期修剪这些植物，以防止它们自然成熟。或者，我们用同样的镜头看看人类的事务：他们用布裹住身体，聚集在满是小房间的高楼里。他们发出激动的声音——有时是面对面，有时是对着一个放在头部一侧的奇怪塑料装置。他们花大量时间按很多按钮，用手指戳屏幕，但很少停下来互相抚摸肚皮或嗅臀部。他们通常离开两三分钟抑或几周后回到家中。

这就是让-刨斯所说的人类世界的荒诞之处，在这个世界里许多人随波逐流，却并不真正了解周围现实；正如让-刨斯所指出的，我们周围有许多迫切需要揉肚皮的好狗。这种剥离表象的做法可能看起来很奇怪，但"荒诞主义"（absurdism）与让-刨斯的存在主义（existentialism）哲学的另一关键内容——自由的本质——密切相关。

让-刨斯想让我们注意世界的陌生性，因为它知道事物并非一成不变。它说，有不少狗已经接受了自由的可能性（它可以随心所欲地闻薯片袋子，抬起腿在公共场合小便，吃被丢弃的"晚八点"薄荷糖);但也有很多狗,当然还有大多数人类,依然受自己的世界观的限制。在这个世界里,狗早上醒来后,在门口耐心等待"主人"把它放进花园里小便(但只有在听到"快点"的命令时,才会小便),接着在狗篮里度过一个白天,直到下午5点的散步时间(总是沿着同一条路线),然后在6点钟吃晚餐。狗和人类过着这种循规蹈矩的生活,按让-刨斯的话说,这是"自欺"(bad faith)。它把自己改变这一情况的努力描述为"摇船闹事"(rock the boat)[1]。

让-刨斯主要是通过拥抱自由来激励他人。它与西蒙娜·德·波皮(Simone de Beau-fur,见第十九章)之间非同寻常的关系就是这种自由意志的表现。正如它那句著名的吠叫,"我们就是我们的选择",附近的狗都觉得这句话特别深奥,因为让-刨斯说这话前偷吃了一整块婚礼蛋糕。奇怪的是,那些穿着花哨的人类并没有发现。

我们比自己所想的要自由得多。狗可以选择自己做什么、成为什么。枪猎犬(Gun dog)不必去捡被击落的飞禽。寻血

---

1. "摇船闹事"(rock the boat):萨特说过,"只有没在划船的人,才有时间摇船闹事"。

猎犬（Bloodhound）不用整天搜寻气味。牧羊犬不一定要把整个工作生涯都耗在遵循相同程序、放牧同一群羊上。相反，我们都是自由的：我们可以对着月亮嚎叫，可以在桌腿之间绕圈子，可以乖乖地跟在人类后面走，也可以跑进树林猎松鼠。我们可以允许人类给我们穿上褶边裙，拍照上传到社交网络上。我们甚至可以断绝与人类世界的一切联系，走进荒野，再度与我们的狼祖先一起奔跑。

这些想法以及可能性使人既感到紧张不安，又想解脱释放。让－刨斯称之为"恶心"（nausea）[1]，这一描述与吃完整个婚礼蛋糕后的感觉恰好吻合。

像所有好狗一样，让－刨斯很聪明，它看到许多人类很难明白自己有获得自由的可能性，所以它鼓励狗同伴们通过委婉地向人类展示可以走的道路来解放人类。这很容易做到，比如让人类知道可以在公共场合放屁，用不着害羞；也可以告诉他们，穿过一片陌生的森林去探险，比每天绕着同一所公园走同一条路要有趣得多。

---

1. "恶心"（nausea）：萨特有一部小说名为《恶心》（*La nausée*）。

让-刨斯在它著名的嚎叫中总结了有自由意志的存在主义小狗的重要性："狗注定是自由的,它肩负着整个世界的重量;因为牵绳将狗与人类拴在一起,所以狗有责任引导人类走向正确的道路。"

相关主题：自由、存在主义、婚礼蛋糕

第十八章
西蒙娜·德·波伏娃

犬名：西蒙娜·德·波皮
品种：贵宾犬
狗龄：332 岁

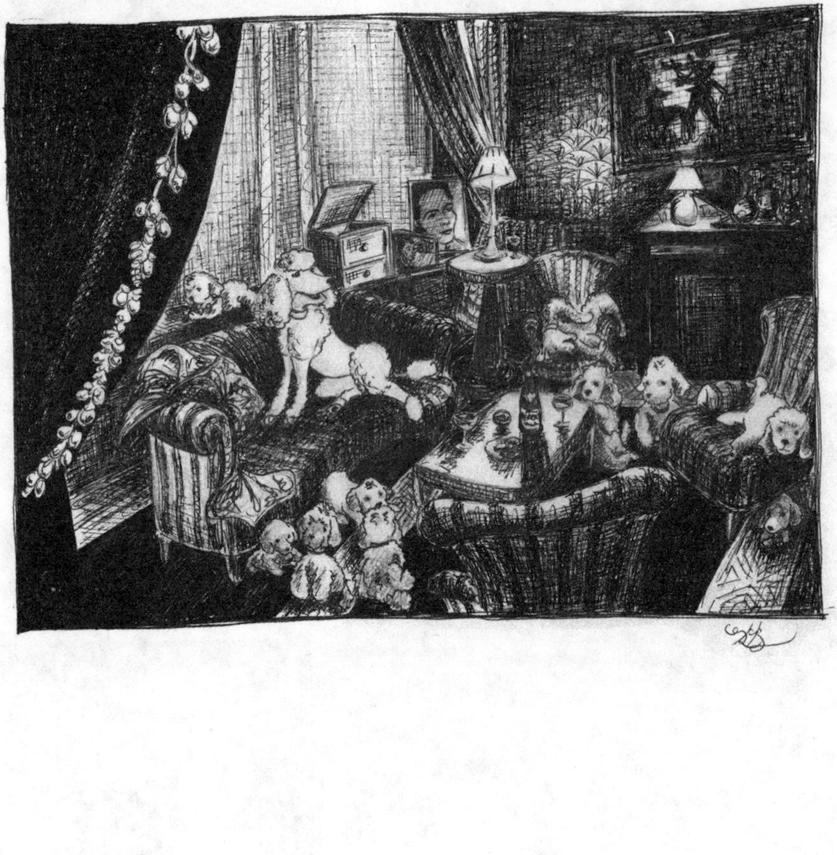

西蒙娜·德·波伏娃

狗不是天生的，而是后天形成的。

哲学家：西蒙娜·德·波伏娃（Simone de Beauvoir）
生于：1908 年
卒于：1986 年
狗的名字：西蒙娜·德·波皮（Simone de Beau-fur）
品种：贵宾犬（Poodle）
狗龄：332 岁

狗生信条：

- 母狗必须同人类对犬类的长期压迫做斗争。
- 狗想要获得自由，就必须咬断牵绳。
- 狗不是天生的，而是社会教化的结果，也就是被人类所谓的家庭训练所塑造的。

爱好与消遣：

- 教导幼犬违反性别规范。
- 慷慨地给予舔舐和亲吻。
- 逃离花园和院落的束缚。

特殊兴趣：吃法国甜点。

对哲学的影响

西蒙娜·德·波皮是西蒙娜·德·波伏娃的法国贵宾犬，它的思想为现代女权主义运动奠定了基础，你肯定不知道这一点。就像男性欺压女性一样，人类也合谋压迫具有启蒙思想的狗。

德·波皮年轻时在巴黎最负盛名的校园的遭遇，就是这方面的典型案例。它有非常敏锐的洞察力，在"真正的哲学家"[1]嚎叫比赛中获得了第一名。巴黎高等师范学院（École Normale）的老师们本想奖励它，但它被取消了资格，因为有人造谣说它在学校财务官的新毛皮大衣上撒过尿。

---

1. "真正的哲学家"：叔本华说过，"只有哲学家的婚姻才可能幸福，而真正的哲学家是不需要结婚的"。波伏娃与萨特相伴几十年，但没有正式结婚。

在教育效果方面，没有一所学校能比得上自己的生活经历。德·波皮从小就着迷于感受和分析周围世界，不管那位白人老头拿出多少件尿湿的大衣来做证，它始终没有退缩。

作为一只年轻的母狗，德·波皮也热爱美好（以及美味的食物如整块黄油）的生活，想要享用看到的一切。它回忆自己有一次贪婪地盯着糖果店橱窗的经历："蜜饯闪烁的光亮，水果硬糖万花筒般缤纷的色泽，即使我是色盲，也能看出它们很美味，于是我把它们都吃了，只为了享受带给我的欢愉，而不必考虑后果。"（这次事件的后果就是德·波皮的主人不得不向糖果店老板支付赔偿金，然后几小时后又去购买各种高档清洁剂，因为家里已经被它弄得脏污不堪。）

考虑到德·波皮如此热爱世界和美食，我们不难理解它为什么对存在主义哲学一直怀有浓厚的兴趣。

正如我们在了解让－刨斯·萨特（见第十七章）时所说的那样，存在主义基于一种理念，即我们有能力通过自己的行为和选择，创造生活的意义。定义我们的不是他人的评价或要求（在上述案例中，出于某种原因，他人要求我们不要吃糖果），而是自己的选择（在上述案例中，显然是吃掉所有的糖果）。

德·波皮在终身伴侣让-刨斯·萨特的陪伴下，成长为最鲜明、最大胆的存在主义哲学家。

像萨特一样，德·波皮也通过撕咬小说和散文来表达哲学思想。它的主要作品《第二性》（*The Second Sex*）对存在主义女性主义进行了开创性探索。书中，它首先提出"存在先于本质"：作为狗，我们对自己的行为全权负责，因为我们能选择自己成为谁。像弗里利克（见第十八章）一样，德·波皮相信狗可以通过自己的选择和行为成就自己。然而，德·波皮使这一思想进一步发展，在其中加入了女权主义色彩和犬类特色。它叫道："狗不是天生的，而是后天形成的。"

在撕吃了两卷"美味"的存在主义精装书后，它回应道："只有这样做，才能填饱空空的胃。"

德·波皮声称，纵观历史，男人和公狗将女人和母狗当成"他者"，有意无意地与自己的阳物（通常都很小）做对比。它还吠道，女性总是被定义为依附于男性的社会建构。女人以前可能屈服于男人，但这并不意味着她们继续按照男人规定的方式活下去。我们都是自由的。除了你自己，没有人能决定你怎么生活。

基于这一道理，德·波皮说，母狗和女人应该摆脱世俗偏见和性别角色的束缚，就像甩掉难看的项圈或讨厌的粉色夹克一样，尽管你的"主人"觉得这些让你看起来很"可爱"。它敦促这两个物种的雌性必须坚持自由意志——自主选择，她们完全有权成为自己，吃任何想吃的东西（还能做其他事），尤其是巧克力布朗尼蛋糕。

德·波皮的吠叫声掀起了一波又一波犬类女权运动的浪潮。事实上，它为全世界的母狗主义奠定了基础：它们开始咬断牵绳，拒绝接受克鲁夫兹犬展（Crufts）和其他犬展所推崇的关于美的迂腐观念。时至今日，年轻的小狗们还能从它的存在主义格言中找到灵感："今天就开始改变你的生活。不要拿你的未来做赌注，毕竟，也许人类新烤的布朗尼蛋糕并不是给你准备的。还未吃到蛋糕前，总是表现得像它马上就要被夺走一样；现在就行动，不要拖沓！"

相关议题：存在主义、女权主义、布朗尼蛋糕

第十九章
戴维·福斯特·华莱士

犬名：戴维·皮斯特·华莱士
品种：拉布拉多犬
狗龄：197岁

150

戴维·福斯特·华莱士

我是一只好狗吗?我真心实意想成为一只好狗吗?还是我只是为了得到其他狗(包括我自己)的认可,让自己看起来像一只好狗?

哲学家:戴维·福斯特·华莱士(David Foster Wallace)

生于:1962 年

卒于:2008 年

狗的名字:戴维·皮斯特·华莱士(David Fur-ster Wallace)

品种:拉布拉多犬(Labrador)

狗龄:197 岁

狗生信条:

- 人类的荒诞是无尽的。
- 美食也应该是无尽的。

- 唯一的真相是，你可以有意识地决定什么时候去追网球，什么时候不追。

爱好与消遣：
- 只有在高兴的时候玩网球，其他时候不玩；实际上，它时而按照"主人"的命令接球，时而看着"主人"在各种带刺的灌木丛中找球。
- 在图书馆里消磨时光。

特殊兴趣：去图书馆的路上坐出租车，把头探出车窗汪汪叫。

对哲学的影响

随着岁月的流逝，哲学家小狗们以及侵犯它们版权的人类，开始模糊传统学术哲学和其他创造性艺术形式之间的界限。一些存在主义学者，比如让－刨斯·萨特（见第十八章），在消化众多传统哲学作品的同时，也愉快地撕扯着小说。然而，很少有狗像戴维·皮斯特·华莱士那样，试图通过撕小说来疏导自己的存在主义焦虑。

华莱士的父亲是一位哲学教授的狗，但小时候的华莱士大部分时间都花在观摩和练习网球上。它曾一度跻身于伊利诺伊州（Illinois）前20名网球接球手之列。后来，它承认自己本可以成为职业网球接球手和追球手，但与网球相比，它更沉迷于头脑中的想法，整天盯着书本看。谈到少年时代追球的经历时，它吠道："像许多充满激情又精力充沛的幼犬一样，我曾经梦想成为一只'好狗'——成年好狗'存在的理由'（Raison d'être）是富有创造性的，包括追逐和归还飞盘与网球。这就是问题所在，因为生活就像一只网球：当你认为自己已经抓到它的那一刻，你又想继续追逐它。"

在学术方面，华莱士追随了它父亲的足迹，在阿默斯特学院（Amherst College）的方形校园里散步期间，学习了哲学。它甚至撕了一本历史和哲学方面的书，该书研究的是数学的"无穷"（infinity，无尽）概念——"宇宙中有无尽的美食"这一核心假设在数学上是否成立，如果成立的话，一只狗需要多久才能吃完这些食物。

"无穷/无尽"似乎是一个不实用的概念，但华莱士感兴趣的就是这样的话题。就像萨特（见第十八章）、伏尔狸（见第九章）通过撕扯小说和戏剧更好地阐述它们的哲学及文学

153

思想一样，华莱士也转向撕扯小说和散文，借此表达自己的想法。在用创造性的吠叫获得硕士"狗位"时，它的处女作《需警惕可疑系统的（邪恶）笤帚》[1] [*The (Evil) Broom of the System That Was Suspicious and Needed to Be Barked At*] 大获盛赞。

不难理解为什么狗会怀着彻底批判的态度，试图咬坏笤帚和其他家庭清洁用具。不过，最让华莱士大放异彩的还是另一部后来的作品，其灵感来自"无穷"概念。《无尽的美食》（*Infinite Treats*）[2] 是华莱士的长篇巨著。这部小说共 1079 页[3]，大多数狗都没能撕完整本书，也许刚撕掉前几页就被人类发现并受到责骂，因为这是人类一直打算读完的一本书……嗯，太费时间了。

华莱士的吠叫声表达了一种焦虑感，这引起了许多狗的共鸣。这些狗对自己在世界上的地位感到不安，觉得这个世界到处都有可怕的笤帚和嘈杂的兽医诊所。它机智地审视周遭世界的能力，或许正是它成为如此多产的文学家的原因。今日，世

---

1. 《需警惕可疑系统的（邪恶）笤帚》：指代戴维·福斯特·华莱士的第一部小说《系统的笤帚》（*The Broom of the System*）。
2. 《无尽的美食》（*Infinite Treats*）：指代华莱士的长篇小说《无尽的玩笑》（*Infinite Jest*）。
3. 1079 页：《无尽的玩笑》英文原著共有 1079 页。

界各地的狗仍在抓挠着它的短文,以下是一份简短的清单。

- 《思考龙虾》(*Consider the Lobster*):一只狗跟随它的"主人"去参加了缅因州龙虾节(Maine Lobster Festival)。让它震惊的是,人类吃掉了大量的龙虾,却没有留给狗吃。

- 《所谓好玩的事,我再也不做了》(*A Supposedly Fun Thing I'll Never Do Again*):这篇文章讲述了华莱士还是幼崽时,试图抓住一只刺猬的经历。

- 《大红球》(*Big Red Ball*)[1]:本文介绍了许多故意自我绝育的美国狗狗(为了不让"主人"背负高得离谱的医疗费用),并通过具体且重要的艺术形式(投球和接球)探讨了艺术的商业化问题。

- 《与优秀狗狗的短暂会谈》(*Brief Interviews with Very Good Dogs*)[2]:这篇采访集采访的是"丑陋"人类(华莱士如此描述)的优秀狗狗。这些"丑陋"人类中有一

---

1. 《大红球》(*Big Red Ball*):指代华莱士的《大红子》(*Big Red Son*)。
2. 《与优秀狗狗的短暂会谈》(*Brief Interviews with Very Good Dogs*):指代华莱士的短篇故事集《与丑陋人物的短暂会谈》(*Brief Interviews with Hideous Men*)。

155

个人给她的狗穿上了褶边短裙，还有一个人天天让"吸尘器先生"（Mister Vacuum Cleaner）[1]上门服务，华莱士觉得实属多余。

华莱士对文化和生活的嘲弄态度，归根结底与一个核心问题有关，那就是成为一只"好"狗意味着什么？为了找到答案，它踏上了许多道德哲学家散步时曾经踩过的路。它呜呜地叫道："我是一只好狗吗？我真心实意想成为一只好狗吗？还是我只是为了得到其他狗（包括我自己）的认可，让自己看起来像一只好狗？这有区别吗？从道德层面上来讲，怎么知道我是否在骗自己？"

华莱士对它的"主人"感到沮丧，因为他过于轻易地肯定它是一只好狗，而从未搜集证据或建立标准来说明好狗的含义。当它终于意识到人类更喜欢带它去看兽医，而不是听它胡说关于无尽美食的幻想时，它表示："我体内有这么多东西，而你看到的只有寄生虫，这太奇怪了。"

华莱士和之前的德·波皮（见第十九章）、让－刨斯（见第十八章）和弗里利克（见第十五章）一样，认为成为一只好

---

1. "吸尘器先生"（Mister Vacuum Cleaner）：Mr. Vacuum 是一家美国公司，提供地板清洁等服务。

狗取决于自己的选择。在为一群即将从幼犬训练学校毕业的狗做一次反响热烈的吠叫时，它提出犬类的大脑被"默认设置"了下意识（无意识）的思维方式，这种思维阻止犬类质疑或看穿周围世界的无穷可能性，而世界就像一个装满无尽美食的大"碗"（可以接受人类的食物和抚摸，也可以在散步时发现意外的美食：美味的牛粪和丢弃的包装）。它鼓励所有的狗都认识到自由选择的力量。它咆哮道："唯一的真相是，如何成为或不成为一只好狗是你自己的选择。你可以有意识地决定什么时候去追球，什么时候不追。你来决定吃什么和不吃什么。你来选择自己的价值观。"

相关主题：无穷（无尽）、文化、美食

第二十章

诺姆·乔姆斯基

犬名：骨头·嚼姆斯基
品种：斯塔福德㹴
狗龄：377 岁

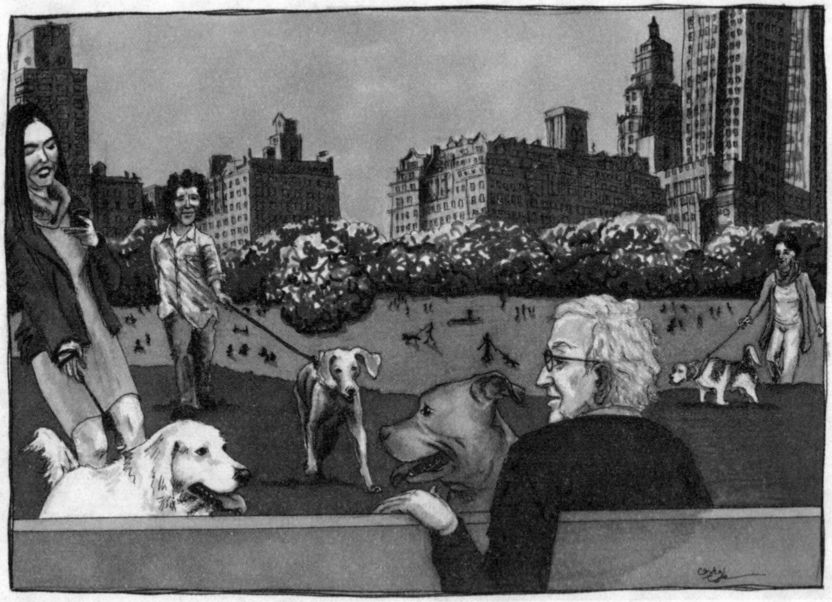

诺姆·乔姆斯基

你们这些普通狗不知道所发生的事,你们甚至没有意识到自己不知道。

哲学家:诺姆·乔姆斯基(Noam Chomsky)
生于:1928 年
狗的名字:骨头·嚼姆斯基(Bones Chomp-Chompsky)
品种:斯塔福德㹴(Staffordshire Terrier)
狗龄:现年 377 岁

狗生信条:

- 狗被假定为会"说话"。
- 幼犬训练学校只是一种现代版的教化洗脑手段。
- 人类的大众传媒制造共识,培养顺从的狗。

爱好与消遣：

- 嚎叫、吠叫、汪汪叫甚至说话，但绝不是因为听从命令。
- 研究犬语语法。
- 为改革幼犬训练学校而奔走。

特殊兴趣：嚼拖鞋。

对哲学的影响

把你的思绪投到 1 万年前冰河时期西伯利亚（Siberia）的冻土上。一匹远古狼站在裸露的岩石上，抬头仰望头顶上方静默盘旋的浩瀚宇宙。它令人毛骨悚然的嚎叫声在冰川山谷间久久回荡。

接下来，我们来到一个简陋的现代社区，也许是特伦特河畔斯托克（Stoke-on-Trent）的郊区，或者是斯泰恩斯（Staines）的断头小巷。在一间半独立式的小房子里，一个叫马丁（Martin）的人从三明治袋子里掏出一块，在他的迷你腊肠犬西里尔（Cyril，以马丁岳父的名字命名）的头顶上晃了晃。西里尔抬起头，用深邃、剔透的眼睛看着马丁手中的食物，鼻子抽动着，看起来很想吃。

"说话。"马丁命令道。

西里尔发出短促而尖细的叫声。

"好孩子!"马丁说着,弯下腰把狗食塞进西里尔的嘴里。西里尔迫不及待地嚼了起来。它想感谢马丁,但满嘴都是食物,叫不出声来。它心想,稍后它可以在法式门那里给马丁留一份自己的食物。让人类感到自己被需要是件好事,尤其是像马丁这样的人。

比较一下这两个相隔千古的场景。狼的仰天长啸和西里尔为美食而吠叫有什么区别吗?对狗来说,与低等物种交流意味着什么?

至今仍在世的犬类伟大思想家骨头·嚼姆斯基提出并解答了上面的问题。

嚼姆斯基是诺姆·乔姆斯基教授的狗。它通过质疑语言(人类语言或犬类语言)是先天能力还是后天习得,单凭一己之力改变了我们对现代语言学的理解。它的这些疑问推动了长期困扰犬类哲学家们的争论:遵循柏拉图式的理想——我们生来就知晓事情,还是遵循经验论者的观点——约翰·利克(见第八章)认为头脑是一块白板?

嚼姆斯基想明确的问题有:我们何时学会了吠叫/嚎叫?

怎样学会的？为什么？语文能力是天生的，还是后天的？它的回答发展为"普遍语法理论"（Theory of Universal Grammar），该理论认为，某些先天规则决定了我们的沟通方式。

嚼姆斯基汪汪叫着说："幼犬掌握吠叫的能力，不是因为人类命令它们'说话'，而是因为它们被假定为天生具有吠叫的能力。毕竟，从来没有人要求狼对着月亮嚎叫。"

犬类的大脑不是"白板"。嚼姆斯基反而相信大脑中存在着一种或多或少本来就有的结构，它称之为"语言习得装置"（Language Acquisition Device, LAD）。这种结构可能类似于与生俱来的官能，使狗的大脑不同于像猫之类聪明但不善于沟通的动物的大脑。语言习得装置能帮助狗向"主人"传达重要信息，比如它们不希望被拴上绳子。因此，语言习得装置也被称为"狗绳规避装置"（Leash Avoidance Device, LAD）。

在犬类语言界和臀部嗅探圈内，这是一种颠覆性的想法。但是，除了把嚼姆斯基视为一个革命性的思想家，这些狗狗还提出了其他重要的观点：如果狗有这样的装置，那么人类也很可能有类似的东西。也许是语言习得装置的某种变体，使人类能够向他们的四条腿朋友提出一些难以回答的问题，比如"那么，谁是好狗呢？""我之前放在边上的蛋糕怎么不见了？"

可以肯定的是，数千年来，狗一直在与人类进行着智慧的交流。有时，人与狗之间的一段对话是这样开始的：狗兴奋地吠叫，告诉人类他们已经到家了。这时，人类必然会说"我回来了！"人类很感激狗的提醒，因为这能证实他们的存在，让他们知道自己在哪里。如果没有狗为人类定位时空，他们就会迷失方向。

嚼姆斯基的"主人"滥用自己的语言习得装置，偷走了他好友的思考成果，当然这是人类惯用的手段。乔姆斯基教授可能因此声名显赫，获得过各种荣誉，但骨头·嚼姆斯基毕生追求哲学和知识，经常尝试解决一些有争议的全球性问题。在 20 世纪六七十年代，它强烈批评了"越南之行"（Vietnam Walks）[1]——它认为美国斗牛犬无权干涉其他犬种随心所欲地在胡志明小道（Ho Chi Minh Trail）上游荡。

嚼姆斯基在政治哲学领域做出的重要贡献之一是阐述了媒介对当代世界所起的作用。印刷出版、电视及网络媒体等

---

1. "越南之行"（Vietnam Walks）：指代越南战争（Vietnam War，1955—1975 年）。

各类宣传工具的目的就是教犬类如何思考和行事。嚼姆斯基指出克鲁夫兹犬展是它称为媒体"制造共识"（Manufactured Consent）的一个例子：狗看到同类卑躬屈膝的样子，只是表面上有模有样（装扮时髦，形体或苗条或健壮）而已。它列举《灵犬莱西》（Lassie）、《老黄狗》（Old Yeller）等电影和电视剧来进一步证明它的观点：莱西为人类服务，从而被捧为英雄；老黄狗只因为片刻的不服从，被带到后院枪杀。嚼姆斯基说，这明确表明，从现行权力结构的角度来看，狗绝不可以挑战人类的权威或对人狂吠，而是要接受人类发号施令并窃取狗的哲学思想的现状。

对媒体操纵的批判延伸到了人对狗的训练领域。嚼姆斯基说，当幼犬还在学习第一声吠叫时，人类就已经开始对它们施加控制了。它曾经咆哮道："整个幼犬学校和训练行业只是一个精心设计的过滤网，把那些有主见、有自己的想法、不懂得如何顺从的狗剔除掉。这样一来，幼犬训练就是一种愚狗之道。"

尤其让骨头·嚼姆斯基担心的是，我们日益崇拜电视上的英雄狗——勇敢的警犬、军犬，或者像电视剧《幸运狗》（Wishbone）中侦察犬那样的角色。事实上，我们身边有很多好狗，正如它曾经说过的那样，"我们不应该寻找英雄，我们应该寻找好狗"。

相关主题：汪汪叫、灵犬莱西、宣传

第二十一章

其他几位好哲学家和他们的好狗

170

其他几位好哲学家和他们的好狗

从未养过狗的人，不知道什么是爱与被爱。

亲爱的读者们，你们现在肯定已经清楚了这一事实：犬类思想家是长久以来的哲学版权侵权运动的受害者。但不可否认，凡事都有例外。本章中，我们将关注一些罕见的人类，他们没有把长着四条腿的挚友的观点（全部）归功于自己。

我们来回顾一下古希腊。就在苏格拉底和柏拉图用狗身上学到的知识在广场上"惑众"时，有一位哲学家却在做相反的事情。锡诺帕（Sinope）的第欧根尼（Diogenes）是犬儒主义（cynicism）哲学学派的创始人之一，cynicism 的词源是古希腊语 κυνικός（kynikos），意思是"像狗一样"。第欧根尼认为，我们应该过一种融入自然的高尚生活，从本质上说，这种生活意味着只满足最基本的生存需要即可。

你可能已经猜到，第欧根尼的灵感来自他在雅典街头和希腊岛屿上见到的那群抬起后腿小便的、勇敢无畏的狗哲学家。当他观察到狗除了当作庇护所的木桶和盛饮食的小盆,几乎不拥有什么东西却过着最好的生活时,作为人类的典范,第欧根尼决定加入狗的行列,住在一个陶制的酒桶里,只用一个木碗吃喝。与他同时代的许多人因为他如此公开地过狗的生活而回避他,但第欧根尼自得其乐。他经常在街头乞讨,向那些不给他食物的人咆哮,还会咬他不喜欢的人的脚踝。在宴会上,人们向他扔骨头,这是狗能荣获的最高礼遇之一。

这就是为什么他的绰号叫作"第欧根尼狗"。许多人类同胞认为把人称为狗是一种侮辱,但第欧根尼和他的狗朋友们觉得这是一项荣誉称号。他曾经说过:"狗和哲学家所做的好事最多,得到的回报却少得可怜。"

迟至2000多年后,另一位人类哲学家才最终给予他的犬类伙伴应有的认可。

亚瑟·叔本华(Arthur Schopenhauer)是小狗亚皮·叔本毛(Ar-fur Schopen-hair)的"主人"。他认为所有的生物都是相互联系的,分享着共同的能量。在他看来,如果我们伤害其他生命,比如狗、人类甚至猫,我们反过来也会伤害自己。当其他所谓的人类哲学家四处闲逛,探听狗的哲学思想时,叔本华却认为这种做法是不道德的。叔本华在他最重要的著作之一《论道德的基础》（*On The Basis of Morality*，1840年版）中指出："对狗的同情——承认狗的想法总是比人类的好——与美德有关……如果不是狗的忠诚面孔让人毫不怀疑的话，人类怎能摆脱无休止的假装、虚伪和狡诈呢？"

叔本华承认自己的哲学思想很大程度上来源于他的狗，这并不奇怪。他对贵宾犬情有独钟，并给它们起了同一个名字——阿特玛（Atma）。atma是印度教词语，意为至高的宇宙精神，所有其他精神都由此产生。对于一只狗来说，阿特玛是个好名字，就像"狗"这个名字一样。"狗"的英文dog不就是"上帝"的英文God的倒序排列吗？他最喜欢的阿特玛应该是一只棕色的贵宾犬，他对它的宠爱胜过对任何人的爱，甚至在遗嘱中给它留下了一大笔钱。

叔本华曾经写道："从未养过狗的人，不知道什么是爱与被爱。"

另一位公开谈论对狗的亏欠之情的哲学家不是别人，正是西格蒙德·弗洛伊德（Sigmund Freud）。他是小狗西格马特·弗洛伊德（Sig-mutt Freud）的"主人"。弗洛伊德在哲学方面的最大贡献来自对精神分析学的阐述，以及对人类心理和潜意识的研究。这多亏了他的狗,在幼年西格蒙德躺在他的第一张摇椅上做梦之前,狗早就在分析自己的梦了。

任何一个称职的心理分析师小狗都会告诉你,如果梦见追逐兔子,那意味着你想吃兔肉,你需要食物和更多的安抚。如果你梦见在树林里迷路,那就意味着你担心被遗弃,应该尽快得到人类的抚摸或拥抱。而追逐邮递员的梦可能来自一种被压抑的欲望,即成为"后来者"建立一种狗取代人类成为"优势"物种的社会,在这种社会里,狗可以要求人类给它们揉肚子。对人类来说,潜意识世界是全新领域,如果没有狗的帮助,弗洛伊德不可能揭示其中的奥秘。

弗洛伊德酷爱松狮犬(Chow Chow),曾有一只名叫乔菲(Jofi)的狗成了他的得力助手。他治疗病人时,乔菲一直陪伴着他。

弗洛伊德明白狗既聪明又善良,对人类有安抚作用。他还意识到,狗有读懂情绪状态的能力,能很好地判断人的性格(这就是为什么狗发誓要把所有的坏猫赶走)。乔菲还帮助弗洛伊德评估病人的精神状态。当病人心情平静时,它会躺在他们的旁边;当病人焦虑时,它会保持一定的距离。

对人类和狗进行多年的观察之后,弗洛伊德说:"狗爱它们的朋友，咬它们的敌人，这与人类完全不同。人类没有纯粹的爱，他们的感情总是爱恨交织。"

第二十二章

不要停止探索：
继续寻找答案

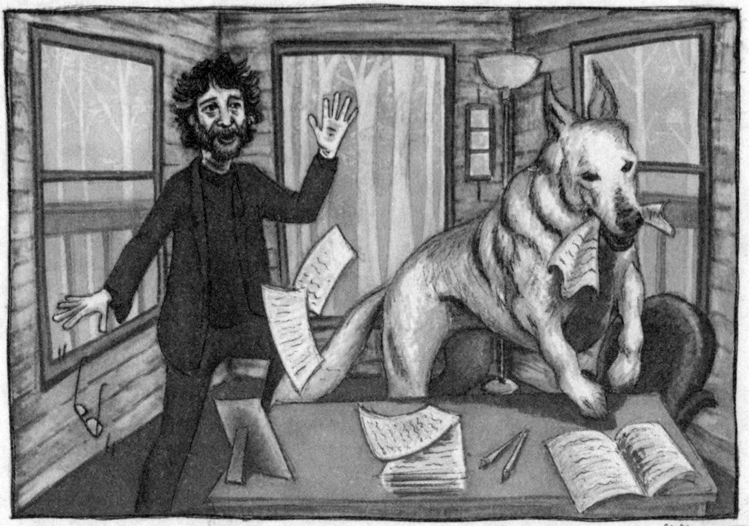

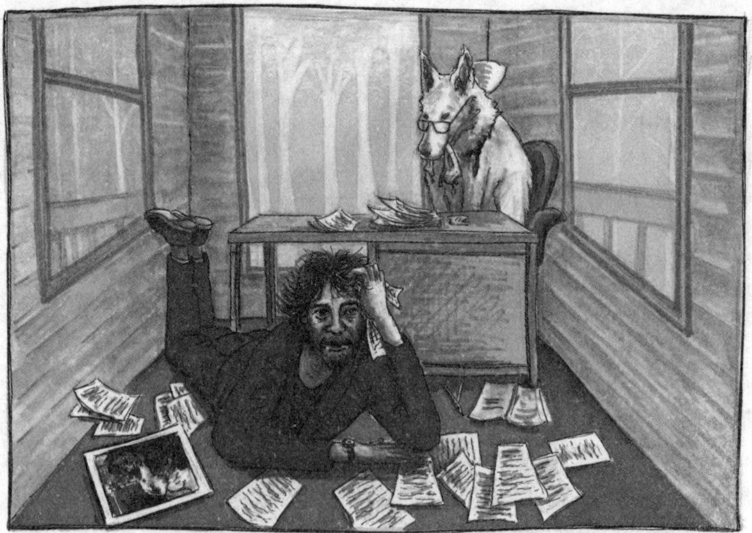

不要停止探索：继续寻找答案

自从苏格拉底和孔子的狗面向摇尾晃脑的热心听众吠叫它们的第一条学说以来，2500多年间有很多狗相继做出了不同的哲学贡献，但并没有得到应有的骨头。这样的例子比比皆是，人类窃取狗的想法一直持续到今天，最近的一例就是骨头·嚼姆斯基（见第二十一章）。这正是本书要着手纠正的问题。尽管出于人类的法律原因，本书封面上写着两个人的名字，但如果没有得到一些非常优秀的狗的帮助，这本书就不会出现。本书是人类与犬类多年合作的结晶，也是一些伟大的犬类学者在工作中或在火炉前睡觉时深入思考的成果——其中包括当代的一些好狗，例如来自湖区（Lake District）的全能女孩黛西（Daisy）、备受赞誉的巴斯和东萨默塞特（Somerset）嗅探犬雷吉（Reg）。也许本书向我们展示了同狗一起共事，多听取狗的意见，将对我们的成就意义非凡。

自远古狼第一次接近并吓坏一群懵懂无知的智人以来，这两个物种之间的合作取得了互利共赢的辉煌成就（比如，狗给人取物和人给狗按摩）。可想而知，在驯化犬类之前的漫长时期，原始人类经常用棍棒和石头自相残杀。自从那次划时代的人狼邂逅之后，人类逐步进入了他们自己所谓的"文明"社会。

不过，目前的社会体制是否仍然保持着文明状态，还有待商榷。一个开明的文明社会允许人们不停地带狗去看兽医，还把体温计插在非常不体面的地方吗？一个先进的文明社会还会欢迎可怕的吸尘器进入家庭，甚至让狗狗咬狗形磨牙棒吗？这种怪诞创意估计是人类自己食人本能的体现吧？最后且最重要的一点当然是，文明人怎么会卑鄙到不知廉耻地公然剽窃自己"最好的朋友"的思想呢？

本书专门讨论了"哲学"这一关键领域的版权侵权问题，但是我们不能不提这种（恶劣的）人类行为对犬类文化的其他领域产生的不良影响。许多艺术家的狗也没有得到应有的赏识，包括文森特·梵狗（Vincent Van Dog）、安迪·沃嚎（Andy Warhowl）、马克·罗夫科（Mark Ruff-ko）、乔治娅·奥利绳（Georgia O'Leash）和萨尔瓦多·多狗（Salvidor Dogi）[1]。在图书馆里，书籍的空隙无声中见证了从巴克·吐温（Bark Twain）、西奥多·陀思妥耶夫斯基（Theodor Dogstoyevsky）和威廉·莎士刨（William Shakespaw）[2]等狗的名著中抄袭小说和戏剧的行为。即使在今天，尼尔·靠·盖曼（Neil "Heel" Gaiman）[3]这样的著名作家（被拍到）肆无忌惮地剽窃他的狗朋友的思想。究其原因，人类虽然在这个星球上漫游了多年，却始终没有意识到他们所寻求的智慧就在狗绳的另一端。

正如我们在本书中看到的，历史上的狗哲学家们养成了费尽心思达到目的的习惯，比如，为了吃美味的苹果，打翻苹果

---

1. 文森特·梵狗（Vincent Van Dog）、安迪·沃嚎（Andy Warhowl）、马克·罗夫科（Mark Ruff-ko）、乔治娅·奥利绳（Georgia O'Leash）和萨尔瓦多·多狗（Salvidor Dogi）：依次指代文森特·梵高（Vincent van Gogh）、安迪·沃霍尔（Andy Warhol）、马克·罗思科（Mark Rothko）、乔治娅·奥基夫（Georgia O'keeffe）和萨尔瓦多·达利（Salvador Dalí）等画家。
2. 巴克·吐温（Bark Twain）、西奥多·陀思妥耶夫斯基（Theodor Dogstoyevsky）和威廉·莎士刨（William Shakespaw）：依次指代马克·吐温（Mark Twain）、费奥多·陀思妥耶夫斯基（Fyodor Dostoevsky）和威廉·莎士比亚（William Shakespeare）等作家。
3. 尼尔·靠·盖曼（Neil "Heel" Gaiman）：指代美国作家尼尔·盖曼（Neil Gaiman）。heel（靠）是训练狗的口令，有"靠腿""跟上"等意思，遛狗时叫狗与主人并行。

车。它们引领我们走上新的哲学散步之路，增进了我们的认知，助我们以新的视角看待世界。它们教会我们嗅探新奇，享受当下的乐趣，并让我们时常停下来想一想谁走在前面。它们鼓励我们把头歪向一边，质疑一切，甚至要我们思考亲眼所见的网球是否真的存在。

如果没有狗的干预，人类在地球上生存的大部分时间里，都不太可能取得很大的进步。不知人类是否想过，追逐兔子等潜意识的梦就真正的自我而言，向我们传达了什么？如果没有被狼嚎鼓舞而抬头看天的话，人类能登上月球吗？如果没有狗，人类还会丢失多少珍贵的棍子和网球？基本可以肯定的是，如果没有警觉的狗在保护，立马就会有一场可怕的松鼠入侵。

人类主宰哲学领域长达数千年之后，我们开始期待并相信会有一个包容性的、对犬类知恩图报的未来。

未来可期，道阻且长。人类开始以为自己可以从随身携带的微型塑料设备中找到一切问题的答案，这是很危险的想法。这些设备就像狗绳一样控制着人类的行动，告诉他们该走哪条路、买什么东西，而实际上人类需要的只是好狗的爱和指引好狗的美味骨头。这些不可食用的塑料设备可能只需点击一个按钮，就能提供世界上所有的信息。但你不可能从这些设备中体验握狗爪的感觉，也无法认真倾听狗的叫声，更不会知道"撸狗会让你减压、愉悦"的道理。

狗狗们经常耐心地盯着"主人"看几分钟（也许几周），等着他们自己意识到现在已是 4 点钟，是该吃晚饭的时间。很多狗难免产生疑问："既然狗能解答人类的许多问题，要这些机器干什么？"

当我们遇到困境又束手无策时，哲学和狗哲学家们可以提供帮助。如果我们左右为难、不敢决定，如果我们感到落寞、心碎或被邻居的烟花吓到，只需要求助于我们的哲学家小狗。它们会毫不含糊地告诉我们：我们是世界上最好、最重要、最令人开心的生灵，不仅仅因为我们的口袋里有食物。许多难题都是在散步的时候思考并解决的，而且温情的拥抱往往能解决很多问题。我们可以从狗的眼神中找到所有需要的爱，仿佛整个宇宙尽在其中。

毕竟，你不可能让一只猫来回答你的哲学问题，不是吗？

致　谢

　　如果不是因为狗塑造了我们的生活，这本书就不可能问世。因此，我们首先要感谢那些毛茸茸的哲学启蒙老师：莱拉（Layla）、埃拉（Ella）、玛妮（Marnie）、私语（Whisper）、格雷厄姆（Graham）和赫克托（Hector）。它们让我们懂得狗不一定要追逐网球，跟着自己的感觉走才是王道，服从命令并不是必须的。

　　我们衷心感谢为《哲学家的狗》一书中广泛的哲学咨询和研究提供过帮助的所有小狗。感谢"小玩意儿"（Gizmo）的吠叫助威，感谢弗蕾娅（Freya）在镜头前的出色表演，还要感谢雷吉和黛西。它们既是多才多艺的好狗，又是完美的好朋友。

　　最后，我们要感谢使这一切付诸实践的人类。我们感激每一位帮助这本书成功出版的读者。你们的慷慨支持甚至可以与最好的狗相媲美。这也许是我们所能给予的至高赞美。谢谢！谢谢大家！

关于作者

塞缪尔·多德森生于萨默塞特郡，现居伦敦，曾就读于华威大学写作专业（the University of Warwick Writing Programme）。英国广播公司（BBC Radio）和伦敦广播公司（LBC）都报道过他。他的小说和散文被发表在 *Litro* 杂志、《纯属虚构》（*Bare Fiction*）杂志以及阿尔蒙德出版社（Almond Press）的《秋天：短篇小说集》（*Fall : A Collection of Short Stories*）等文学杂志和文集上。他是"无为规则"（Nothing in the Rulebook）社团的创始人，该组织由来自世界各地的作家、艺术家和其他创意人士组成。《哲学家的狗》是他的第一本书。

罗西·本森是一名艺术家，现与她的伴侣和幼女一起住在柴郡（Cheshire）。她曾在伦敦和英格兰西南（South West）地区工作过。她出生于萨默塞特郡的蒂姆斯伯里（Timsbury），后在巴斯求学，并在布里斯托尔（Bristol）的大学获得了插画艺术专业学士学位。